Krishnamurti
SEU UNIVERSO INTERIOR

Você é a história da humanidade

Tradução

Sandra Martha Dolinsky

Academia

Título original: *The World Within: You are the Story of Humanity*

Preparação de texto: Luiz Pereira
Revisão: Eliana Rocha e Juliana de A. Rodrigues
Diagramação: 2 estúdio gráfico
Capa: Marcos Gubiotti
Imagens do miolo: Freepik
Imagem de capa: zubarevid/shutterstock

Krishnamurti Foundation of America
P.O. Box 1560, Ojai, California 93024 USA
e-mail: kfa@kfa.org website:www.kfa.org

CIP-BRASIL. CATALOGAÇÃO NA FONTE
SINDICATO NACIONAL DOS EDITORES DE LIVROS, RJ

K93u

Krishnamurti, J. (Jiddu), 1895-1986
Seu universo interior / Jiddu Krishnamurti; tradução Sandra Martha Dolinsky. - 1. ed. - São Paulo: Planeta, 2018.

Tradução de: The World Within: You are the Story of Humanity
ISBN 978-85-422-1229-7

1. Vida espiritual - Budismo. I. Dolinsky, Sandra Martha. II. Título.

17-46529 CDD: 294.3444
CDU: 24-584

2018

EDITORA PLANETA DO BRASIL LTDA.
Rua Padre João Manuel, 100 - 21º andar
Edifício Horsa II - Cerqueira César
01411-000 - São Paulo - SP
www.planetadelivros.com.br
atendimento@editoraplaneta.com.br

Sumário

Prefácio

> A verdade não é algo misterioso; a verdade está onde você estiver. A partir dali você pode começar. A verdade é que sinto raiva, sinto ciúmes, sou agressivo, brigo. Isso é um fato. Assim, deve-se começar, apontando-se de modo muito respeitoso, a partir de onde nos encontramos. Por isso que é importante conhecer a si mesmo, ter um completo conhecimento de si mesmo, não à partir de outras pessoas, de psicólogos, especialistas no campo cerebral etc., mas sim compreender quem você é. Porque você é a história da humanidade. Se souber como ler este livro, que é você mesmo, então compreenderá todas as atividades, brutalidades e imbecilidades da humanidade, porque você é o resto do mundo.
>
> J. Krishnamurti, *Primeiro Encontro de Perguntas e Respostas*, Brockwood Park, 1983

Lendo os ensinamentos de J. Krishnamurti, imediatamente nos impactamos por ver quão particulares são suas palavras para o nosso pensamento e como são um espelho íntimo da atividade psicológica humana. Sua linguagem não está limitada pelo tempo, pelo lugar ou pelas circunstâncias, de modo que leitores em qualquer época ou qualquer continente podem encontrar a si mesmos de modo cristalino e naturalmente compassivo.

O enfoque heurístico de Krishnamurti foi típico não só em seus diálogos ou entrevistas, mas também em suas palestras públicas, nas quais cada participante dentre milhares de pessoas se sentia em contato direto com o orador. Sua linguagem era simples, sem jargões ou quaisquer pressupostos sobre os ouvintes.

Krishnamurti auxiliava os interlocutores, mesmo sem a intenção de fazê-lo, a ver por si mesmos as complexidades de seus pensamentos e de seus problemas.

Durante a Segunda Guerra Mundial (1939-1945), Krishnamurti não falou publicamente nos Estados Unidos; morou em um retiro em Ojai, Califórnia. As pessoas o procuravam para conversar sobre vários temas da época, ou sobre seus próprios dilemas pessoais. Os problemas eram problemas humanos universais, e reafirmavam a realidade da afirmação de Krishnamurti: "Você é o mundo". Na medida em que desenrolava o novelo de fios dos pensamentos e sentimentos das pessoas, o núcleo ou origem da questão era revelado, sem floreios, sem censura ou culpa.

Depois da Segunda Guerra Mundial foi lançado em todo o mundo uma coleção de três volumes de entrevistas de Krishnamurti, intitulada *Comentários sobre o viver*. Este novo livro, *Seu universo interior*, compilado de material proveniente do Repositório Oficial das Obras de Jiddu Krishnamurti (*Krishnamurti Archives – Krishnamurti Foundation of America, E.U.A.*), é um compêndio de outras eternas questões e suas respostas atemporais. Os questionamentos permanecem atuais, mesmo após setenta anos, e os leitores se encontrarão tanto nas perguntas quanto nas respostas.

MARK LEE

Capítulo 1

Raiva e intolerância

E. veio perguntar como vencer a raiva, pois estava particularmente exasperado com seu colega, irritado com suas maneiras e seu comportamento.

Depois de conversar um pouco, identificamos que tal ira surgira quando E. quisera que seu colega de trabalho se conformasse com um padrão de comportamento que E. tinha, o que provocara intolerância; e a intolerância é irreflexiva. Se abandonasse o colega de trabalho atual e arranjasse outro emprego, o mesmo problema surgiria, porque ele era o problema, e não o colega. E. precisa compreender as circunstâncias, e não meramente modificá-las. Se dependesse do ambiente para libertá-lo da raiva, seria escravo dela. Se dependesse do ambiente, tornar-se-ia insensato. É como aqueles que buscam mudança constantemente em seu relacionamento, desiludidos ou cansados de alguém ou de um grupo, e buscam amizade ou amor em outro. Como não compreenderam completamente o relacionamento, a simples mudança de ambiente gerará novamente os mesmos conflitos, a mesma desilusão e a mesma saciedade sob diferentes formas.

De modo que E. deve tomar consciência de sua irreflexão e da causa desta.

Capítulo 2

A voz da realidade?

S. veio de longe para saber se a voz que escutava era sua própria voz intuitiva ou a voz – ou o pensamento – da tradição.

Depois de questioná-la, descobrimos que essa voz havia sido benéfica, afastando-a do mundo sensorial e levando-a cada vez mais à grandeza do pensamento e ao serviço aos outros. Mas agora ela duvidava, questionava a voz, estava ansiosa. A voz lhe havia pedido que obedecesse sem questionar, e agora, depois de muitos anos, era indiferente. O que ela devia fazer? Era aquela a voz da realidade?

Depois de falar muito sobre o assunto, entramos na questão do desejo, da necessidade: como surge – percepção, sensação, desejo, identificação, quero e não quero – e se expressa; como se realiza por meio da sensibilidade, da ânsia de imortalidade, da vida temporal.

S. disse que meditava regularmente, sentada no chão.

Sem a pessoa compreender o curso do desejo, a meditação não conduzirá à iluminação. Ela meditava na unidade com Deus etc., já que estudava a Vedanta.

A meditação deve se basear no correto pensar, não em meras formulações, por mais nobres que sejam. O correto pensar procede da compreensão do desejo em termos de "eu" e "meu". Esse egoísmo é o egoísmo de todos, quer se vivam na Índia, na China, na Europa ou aqui. O mundo é a projeção de si mesmo. Para compreender os problemas do mundo, primeiro é preciso compreender a si mesma, não numa compreensão autocentrada, mas por meio de uma consciência desinteressada e bondosa de si mesma. O autoconhecimento é o princípio do correto pensar, que é o verdadeiro começo da meditação.

Ela disse que seu problema estava adquirindo um novo significado: por meio de seu anseio, estava dando um sentido à voz, que poderia ser sua própria percepção intuitiva.

Capítulo 3

O alegre e doloroso problema do nascimento e morte

R. estava profundamente triste pela perda de seu filho na guerra. Ele continua a existir? A reencarnação existe?

É difícil analisar sabiamente o problema da morte quando se está quase paralisado pela dor. Qual é sua principal consideração: o filho ou a própria perda? Toda pessoa no mundo enfrenta esse problema: a universalidade do nascimento e da morte, da alegria e da tristeza. Ninguém pode escapar. A pessoa pode escapar disso na fantasia, em alguma teoria ou crença, no esquecimento de si; mas o nascimento e a morte permanecem um mistério que deve ser resolvido não pela racionalização, mas pela experiência daquilo que é eterno e que não tem começo nem fim.

O ódio por aqueles que ajudaram a causar a morte do filho não cria o estado mental necessário, capaz de, sozinho, experimentar a realidade. Pelo contrário: o ódio, a dor e o sentimento de posse impedem a compreensão e a experiência da atemporalidade. No transcender do ódio, do ressentimento e da raiva está o amanhecer da compaixão, que purificará a mente torturada. Se você se preocupa com os mortos, cria mais morte mas, quando se preocupa com os vivos, conhece a eternidade da vida.

Ela disse que não entendia o que eu estava falando. Não devia amar seu filho? Não devia odiar aqueles que o mataram? Devia perdoar? Devia abraçar o mal? A guerra não era necessária para purificar o mundo?

Meios malignos não geram bons fins; meios violentos não resultam em paz. Cada um de nós provocou este caos espetacular em nossos chamados dias de paz, compostos de inveja, cobiça, animosidade, antagonismo e desconfiança. A outra mãe também está chorando por seu filho, a outra mãe que você odeia. Ela também é torturada pelo luto. Para ela também existe o alegre e doloroso problema do nascimento e morte. O ódio não resolve esse problema; o ódio só perpetua a crueldade do homem contra o homem.

Pouco a pouco, eu a guiei ao seu primeiro questionamento sobre a continuidade. Ela estava abalada demais para entrar nele, mas voltou outro dia.

Capítulo 4

O "eu" e o "meu"

Devemos compreender aquele que cria o tempo – o passado, o presente e o futuro –, porque o tempo é nascimento e morte. A consciência do tempo cria continuidade, perenidade, mas ele não é eterno, não é atemporalidade.

O criador do tempo é o *self*, a consciência do "eu" e do "meu": minha propriedade, meu filho, meu poder, meu sucesso, minha experiência, minha imortalidade. A preocupação do eu com seu próprio estado cria o tempo. O eu é a causa da ignorância e da dor, e sua causa e efeito são o desejo, a ânsia de poder, riqueza, fama. Esse eu é centralizado pela vontade do desejo, com suas memórias passadas, resoluções presentes e determinações futuras. O futuro se transforma, então, em uma forma de luxúria, o presente em uma passagem para o futuro, e o passado na motivação. O eu é um círculo dentro de um círculo de prazer e dor, alegria e pesar, amor e ódio, crueldade e doçura. Esses opostos são criados para sua própria vantagem, para seu próprio benefício e incerteza do *self*. Ele é a causa de meu nascimento, de minha morte. O pensamento é sustentado pela vontade do desejo, pela vontade do eu, mas o sofrimento e a dor começam seu trabalho de despertar o pensamento; e se esse despertar não é mantido, o pensamento correrá para crenças consoladoras, fantasias e esperanças pessoais.

Mas, se o pensamento lentamente despertado começar a estudar suave e pacientemente a causa da dor, e assim começar a compreendê-la, descobrirá que há outra vontade: a vontade de compreensão. Essa vontade de compreensão não é pessoal; não é de nenhum país, de nenhum povo, de nenhuma religião. É vontade que abre a porta para o eterno, para o atemporal.

O estudo do eu é o começo do correto pensar – o eu que se sustenta na vontade do desejo. Esse eu cria continuidade ao ansiar pela imortalidade, mas com ela vem a perenidade da tristeza, da dor e do conflito entre o "eu" e o "meu". Não há fim para isso, salvo na vontade de entendimento, que por si só dissolve a causa da dor.

Conscientize-se do curso do desejo; dessa consciência nasce o correto pensar. Virtude é libertar o pensamento do "eu" e do "meu" pela compaixão para com a incerteza criada pelo autodesejo.

Capítulo 5

Dependência psicológica

C. perguntou por que estava tão cansada; apesar de, em geral, ter muita energia para o trabalho, em seu íntimo sentia-se cansada.

Depois de conversar um pouco, descobrimos que, em grande medida, ela dependia do marido e do ambiente. Essa dependência, que não era financeira, deixava-a nervosa, exausta, ansiosa, impaciente e irascível.

Algumas necessidades psicológicas inevitavelmente criam dependência, o que impede a coordenação e a integração.

Ela disse que estava ciente dessa necessidade, mas que não podia superá-la. Decidira não ser dependente, mas não conseguia se libertar. Concordamos que a dependência não era falta de amor, mas confundida com amor. Comportava outros elementos que não eram de amor; criava incerteza e distanciamento.

A dependência aciona o movimento de indiferença e apego, um conflito constante sem compreensão, sem libertação. C. precisa tomar consciência do processo de apego e desapego; tomar consciência sem condenação, sem julgamento, e então, perceberá o significado desse conflito de opostos.

Se ela se tornar profundamente consciente e dirigir conscientemente o pensamento para a compreensão do significado pleno de dependência e necessidade, quando sua mente consciente estiver aberta e clara a esse respeito, o inconsciente – com seus motivos ocultos, suas buscas, suas intenções – se projetará na consciência. Quando isso acontecer, ela deverá estudar e compreender cada manifestação do inconsciente. Se fizer isso muitas vezes, tomando consciência das projeções do inconsciente depois de o consciente ter pensado no problema o mais claramente possível, então, embora possa dar atenção a outros assuntos, o consciente e inconsciente estarão resolvendo o problema da dependência ou qualquer outro. Assim se estabelece uma consciência constante que, com paciência e delicadeza, produzirá a integração. Se sua saúde e alimentação estiverem corretas, propiciará gerar a plenitude de ser.

Capítulo 6

Homem e máquina

B. veio de muito longe, e seu problema era saber como construir o sentido de amor dentro do avião, já que trabalhava em uma fábrica de aviões. Ele disse que estava seriamente preocupado com a condição do mundo, e como o avião havia chegado para ficar, não seria possível incorporar nele o senso de amor? Se não cultivasse o ódio e o desejo de matar, e com boa vontade, não poderia ele construir algo dessa qualidade naquela máquina de terror e destruição?

Ele era um homem de sérias intenções, e por isso discutimos a ignorância e os meios de subsistência corretos. Uma máquina, uma coisa inanimada feita pelo homem, não é em si mesma boa ou ruim; depende do uso que o homem lhe dê. De modo que não é a máquina, e sim o homem, que deve ser analisada. A ignorância não reside em dar falsos valores, em enfatizar coisas que têm pouco significado, em dar importância às coisas que não são importantes? Enquanto a pessoa não mudar seus valores, a máquina será utilizada para fins nocivos e destrutivos.

Os pensamentos e sentimentos do homem têm que abandonar seus atuais valores limitados e passar àqueles que são transcendentais. Quando o homem persegue a sensação, o poder e a riqueza, é obrigado a criar um mundo no qual prevaleçam o conflito, o antagonismo e a crueldade, bem como os meios para expressá-los: a máquina, o dinheiro etc. Ele deve olhar dentro de seu coração para descobrir o que está buscando. Se estiver buscando o bem de si mesmo e do outro, então, a bondade e a inteligência lhe dirão qual será sua ocupação e seus meios de subsistência.

Primeiro, ele deve purificar o coração e a mente, e depois, será capaz de se contentar com pouco.

Capítulo 7

A luxúria está na mente

B. disse que era escravo de seu apetite sexual; havia tentado diversas maneiras de suprimi-lo, fizera parte de vários cultos com a esperança de transformá-lo, e procurara um psicanalista, de quem se tornava cada vez mais dependente – outra forma de sofrimento. O que ele devia fazer?

Primeiro, falamos de amor e dissemos que não é uma incitação sensual, nem uma sensação similar à emoção, nem um estímulo do intelecto. É uma qualidade em si mesma, sentida nos momentos em que não há consciência do eu, nos raros momentos em que o eu é esquecido. Não é a recompensa de um sacrifício, mas um fim em si mesmo. A natureza do amor é de caridade e misericórdia, de perdão e serviço, de unidade criativa e paz. Sem isso tudo o amor não existe. Ele é uma grande força criativa.

Sem a compreensão e a disponibilização da criatividade, a liberação sexual inevitavelmente se transforma em sobrecarga e problema. Essa criatividade não é a mera capacidade de invenção ou simplesmente de modificar capacidades técnicas; não é uma mera expansão materialista, sensorial, ou uma simples busca intelectual. Isso tudo não põe fim ao apetite sexual; pode mitigá-lo temporariamente, mas ele volta com mais voracidade, frequentemente se expressando não sexualmente, mas por diversas formas de violência, de crueldades, em várias atividades sociais corriqueiras etc.

A liberação criativa vem quando o desejo, o anseio, é compreendido e transformado. O desejo origina recordações profundas, cujo ímpeto se transforma em luxúria; cada desejo tem sua própria vontade, e as muitas vontades configuram a vontade do eu.

Para se libertar da luxúria de uma maneira duradoura, B. deve tomar consciência do caminho, do curso do desejo. Cada vez que tiver um pensamento libidinoso – a luxúria está na mente –, deverá se tornar cônscio dele, não só analiticamente, mas também deve tomar consciência do significado mais profundo do desejo. Cada vez que se tornar consciente, compreenderá mais seu problema, até que a luz do autoconhecimento dissipará as perseguições autocentradas do desejo. Essa atenção deve se tornar um processo constante, não só em relação a um pensamento em particular, mas a todos os pensamentos e sentimentos. Essa consciência traz consigo o autoconhecimento, do qual surge o correto pensar. O correto pensar libertará imperceptivelmente o pensamento do sentido do eu e do meu, e aí se realiza esse amor que vem do mais elevado.

Capítulo 8

Caridade sem barreiras

V. veio a mim confuso em relação à caridade – dar ou não dar; matar ou não pequenos animais que destroem arbustos, árvores etc.

Como é difícil transmitir a certos tipos de mente que, quando nos preocupamos com as grandes coisas, as pequenas coisas se resolvem, mas que quando nos preocupamos com as pequenas coisas – um assunto interminável –, perdem-se as grandes coisas, nas quais se encontram as soluções para os problemas da vida. Para compreender a vida, é necessário ter inteligência livre, e não pensamento calculado ou lógico; ter a generosidade do coração, e não o dom calculado e pensado.

* * *

H. perguntou se era certo que ele fosse um veículo de caridade, porque havia herdado uma grande soma.

A caridade deve ser direta. Não deve haver sensação de obrigação entre o doador e o receptor nem sensação de superioridade e inferioridade; nem o sentido de vergonha. Deve-se dar de todo o coração. Aquele que dá e aquele que recebe: são ambos responsáveis por não erigir a barreira da separação. A caridade acaba quando não há amor; sem amor não há caridade.

Capítulo 9

Devoções anuladas pelo antagonismo

Durante uma conversa, S. disse que ela havia ido à igreja oferecer suas devoções, mas acrescentou que não tolerava gente de cor. Ah, claro que ela não se referia aos indianos, como eu!

Ela veio me ver para saber como superar seus medos, imaginários, que ela mesma criava. Não sabia que esses medos eram criados por si própria. Para se livrar deles, cada vez que sentir temor ela deverá examinar conscientemente esse medo, pensando nele, sentindo-o, compreendendo-o completamente e deixando sua mente consciente aberta. Então, os medos secretos, os medos inconscientes e ocultos, se revelarão, mas, como sua mente consciente estará limpa, aberta, não confusa, S. será capaz de aceitá-los e compreendê-los plenamente. Assim, os medos inconscientes se esvaziarão na mente consciente, e assim, ela, com atenção e vigilância constantes, se libertará deles, que, em sua maioria, ela mesma criou.

Então ressaltei gentilmente que suas devoções foram anuladas por seu antagonismo racial, que lhe importava mais. Quando ela odeia, seu amor é meramente um oposto, uma reação; mas se ela compreender seu ódio e o transcender, seu amor será completo. Sem libertar o pensamento do antagonismo, do ressentimento e da animosidade, suas devoções são superficiais; e as igrejas oferecem um meio de fugir da realidade.

Como é difícil transmitir a sublimidade do amor às pessoas que estão entrincheiradas em suas orações de súplica! Como é difícil para aqueles que buscam a realidade compreender que eles são o todo! Estão tão ansiosos por entender que não notam a realidade.

Capítulo 10

Um padrão de vida diferente

O dr. A. disse que tinha seu consultório e ganhava muito dinheiro na prática médica, mas tinha certeza de que não estava realmente curando. Comprimidos e líquidos coloridos não levavam à verdadeira cura, embora oferecessem um alívio temporário. Ele queria a verdadeira cura. Isso implicaria em um padrão de vida diferente, o que não o preocupava mas sua esposa e sua família se oporiam; e, se ele seguisse o que considerava correto, a família se separaria. Seria egoísmo de sua parte ceder às exigências familiares? Qual era sua responsabilidade?

Ao construir valores materiais e sucumbir a eles, será que não estamos criando catástrofes sociais, guerras, crueldade e miséria? Mantendo um alto padrão de vida e valorizando-o, não estamos criando um mundo mecanicista e bárbaro, de crueldade, competição e orgulho?

Isso o médico via claramente, pelo menos naquele momento.

Ao se submeter ao ambiente, seja da família ou da civilização, ele era responsável pelo sofrimento geral e por seu próprio sofrimento particular. Dando-se conta disso, deveria ceder às exigências materiais da família por mais e mais conforto, carros maiores e melhores, e tudo o mais? Qual era sua responsabilidade? Era egoísmo curar de verdade as pessoas, o que implicaria ganhar muito menos? Isso poderia causar discórdia na família, mas, qual era sua responsabilidade?

Seria ele capaz de viver uma vida simples, despojado da parafernália e ostentação externas, satisfeito com pouco, porque interiormente estava em paz, rico em compreensão, pleno de amor?

Como, perguntava ele, chegaria a isso?

Com o correto pensar, com autoconsciência. Sem autoconhecimento não há correto pensar, e sem correto pensar não pode haver paz nem amor.

Eu lhe expliquei o que essa árdua tarefa implicava.

Capítulo 11

Você criou o problema do mundo

Duas pessoas vieram e explicaram que eram cristãs, e que queriam trazer a paz ao mundo.

Será que esses rótulos – cristãos, budistas, hindus etc. – não separam as pessoas? Assim como as barreiras econômicas e nacionais dividem os povos, as religiões, com seu simbolismo, seus altares sombrios e seus sacerdotes e cantos, mantêm as pessoas separadas. Crenças e dogmas, credos e rituais constroem uma barreira insuperável. É sobre eles que houve, e continua havendo, vãs controvérsias. São eles que criam intolerância e antagonismo. São eles que corrompem a mente e o coração. É o espírito de sectarismo, exclusividade e privilégios que destrói a unidade do homem, a boa vontade e o amor.

A religião é o caminho do amor na vida, e não a crença. É a ação sem o *self* e seus motivos privados, e não o ritualismo. É a busca do mais elevado sem corromper o dogma.

Quando alguém afirma ser cristão ou hindu, americano ou inglês, fala com certo orgulho e poder, o que inevitavelmente cria barreiras entre as pessoas. E quando diz ser cristão, será que não tem consciência de todas as suas implicações? Será que as pessoas não têm consciência da insignificância do rótulo e da grandeza da realidade? De que quanto mais se preocupam com mesquinharias, menos realidade há?

Amor, compaixão, boa vontade não precisam de um rótulo, eles é que trarão a paz ao mundo. Nem o mero ajuste econômico, nem a dominação de um ou dois povos, nem o progresso tecnológico podem trazer a paz. Ao contrário: sem uma mudança de atitude, essas coisas só provocarão catástrofes maiores e mais destrutivas.

Para trazer a paz ao mundo você deve começar por si mesmo, porque você é o mundo. O mundo é o que você é. Se você é ganancioso, competitivo, só quer privilégios e lucros, apegado a este ou aquele rótulo, ciumento e apaixonado, terá um mundo com ódio e guerras, um mundo de caos e tirania crescentes, de crueldade e medo.

Você criou o problema do mundo e é a única pessoa que pode resolvê-lo. Não deixe isso para os especialistas, os políticos, os dirigentes, porque o mundo é aquilo que você é.

Capítulo 12

A autocura

O dr. D. disse que curava os outros, mas não podia curar a si mesmo; os mesmos problemas que confundiam seus pacientes também o confundiam. Ele era capaz de lidar com os outros, ajudá-los e tal, mas com ele mesmo... Não tinha paz dentro de si.

Como é fácil, com palavras, ajudar os outros a se curar, como é fácil curá-los! Mas como é difícil curar a si mesmo! Para se curar, para ter paz dentro de si, a pessoa precisa derrubar as barreiras que diligentemente construiu ao seu redor mesma, como o prestígio, as armadilhas da riqueza e tudo que ela traz: amigos, companheiros, reputação, o brilhantismo do conhecimento. Tudo isso o médico tinha, afirmei e ele mesmo o admitiu. Esses atributos superficiais – as camadas de refinado egoísmo – impediam-no de ter a paz que ansiava.

Ele viu que o que eu dizia era verdade, mas era muito difícil para ele deixar de lado essas coisas: elas haviam se tornado parte de sua natureza.

Ele podia continuar, apontei, fortalecendo essa natureza, sofrendo cada vez mais, ou empenhar-se em debilitá-la, dissolvendo-a. O que ele está criando é uma pausa na dor, um intervalo entre dois conflitos, uma paz, ou melhor, um cansaço de luta. Sendo psiquiatra, ele entendia bem que a paz interior deve vir da consciência do autoconhecimento, não da supressão, e sim da integração. Essa consciência origina a meditação.

Era evidente que ele nunca tinha meditado; ele conhecia a concentração, mas não a meditação.

Meditação e concentração são duas coisas diferentes. A concentração foca algo, mas a meditação é a consciência do *self*, do eu e do meu com todas as suas implicações e conteúdos, o que traz a compreensão nascida do correto pensar. Essa consciência tem uma qualidade de concentração diferente da concentração em algo, por mais elevado que seja. Uma gera uma profunda integração interior, a transcendência dos opostos, ao passo que a outra cria dualidade e mantém profundamente a causa do conflito.

Que ele tome consciência de seus pensamentos e sentimentos, que não escolha, e sim que tenha consciência deles, mesmo que sejam triviais e ignóbeis, esnobes e serenos. À medida que surja cada pensamento ou sentimento, que ele pense, sinta esse pensamento ou sentimento, que o siga. Ao segui-lo, ele será constantemente interrompido por outros pensamentos-sentimentos, e assim, começará a descobrir a verdadeira falta de concentração. Ao segui-lo, ele se dará conta de que está julgando, condenando, e assim, descobrirá suas propensões, seus preconceitos, suas reservas e motivos secretos. Ao segui-lo, descobrirá a si mesmo, e essa descoberta é libertadora e criadora. Assim, ele está conscientemente libertando a mente, e nesse estado de mente livre e aberta, por mais limitada que seja no começo, projetar-se-ão os conteúdos do inconsciente, o oculto. Cada projeção deve ser pensada e sentida, e assim, entendida, dissolvida e transcendida. Desse profundo conhecimento de si mesmo surge a quietude da sabedoria, um amor que não é mensurável e a realização do mais elevado.

Tudo isso é um processo paciente e delicado, que requer atenção intensa, uma consciência profunda e significativa.

Capítulo 13

O jogo cruel da sociedade

M., professora, disse que as crianças – não durante o horário de aula – estavam brincando de soldado, com metralhadoras de madeira, espadas, tanques etc. Como impedi-las?

Quando a sociedade inteira se envolve nesse jogo bárbaro, impedir umas poucas crianças, que serão estimuladas de novo pelos mais velhos, tem pouca importância; a menos que a professora esteja com elas constantemente e as ajude com outras formas de diversão, saudáveis e inofensivas. Ela talvez conseguisse supervisionar constantemente uma ou duas, mas, a não ser que com instrução e orientação inteligente, se ajude as crianças a perceber as calamidades que se seguem no rastro de sua barbárie, a sociedade logo as consumirá.

A sociedade, afinal, é o indivíduo, ou uma coleção de indivíduos; e a menos que o próprio indivíduo elimine as causas que engendram a guerra e assim por diante, o mero remendo externo, reorganizar as mesmas causas em uma ordem diferente tem pouca importância.

De modo que ela deve começar por si mesma, deve compreender a si mesma, porque pelo autoconhecimento existe o correto pensar.

Capítulo 14

Um intervalo pacífico ou a verdadeira paz?

C. é uma mulher muito rica. É infeliz e sofre em seu atual relacionamento. Quer paz e felicidade.

Não há paz e felicidade neste mundo; há um constante conflito e sofrimento, e um intervalo que de novo conduz à dor e ao sofrimento. O que é que ela quer: esse chamado intervalo pacífico ou a paz verdadeira?

A verdadeira paz vem da compreensão do mundo existencial, da vida temporal e da imortalidade pessoal, e de transcendê-las. Para compreendê-las e transcendê-las, C. deve tomar consciência de seus pensamentos e sentimentos. Isso exige esforço consciente e tempo para reflexão.

C. disse que era uma mulher ocupada, que organizava eventos de caridade, pertencia a muitos clubes etc.

Todas essas coisas haviam se tornado distrações, apontei, e eram de pouca importância. Ela concordou com relutância.

Talvez fosse obrigada a renunciar a tudo isso para criar tempo para refletir; dessa consciência reflexiva surgirá o amanhecer da compreensão, do correto pensar e da meditação.

Ela concordou com tudo de boa vontade, porque disse que havia pensado um pouco nessas coisas. Mas, acrescentou, isso implicava abandonar sua vida presente, suas atividades, diversões, entretenimentos e ações de caridade.

Sua caridade, suas atividades sociais, suas atividades superficiais têm pouca importância – semelhante à pobres animais enjaulados. Essas atividades acabam fazendo mais mal que bem – o cego guiando o cego.

Diante disso, mais uma vez ela concordou hesitante, e apontei a catastrófica confusão deste mundo: as guerras, o nacionalismo absurdo, os preconceitos de classe e cor, as barreiras econômicas e a absoluta falta de boa vontade e amor. Tudo isso só pode ser modificado de forma duradoura se ela começar por si mesma, porque ela é o mundo.

Ela reconheceu tudo isso, mas disse que tinha medo de mudar de vida, porque, embora pudesse começar aos poucos, isso a levaria a mudanças imensas, e ela não estava disposta; mas acrescentou que pensaria a esse respeito.

Capítulo 15

O problema do sexo

R. disse que tinha medo de sexo; desde a infância se sentia perturbado e atraído por ele. Quando em grupo, resistia ao sexo e, assim, criava antagonismo entre seus amigos. Ele havia orado, repetido mantras, cantos e tentara terapia, porém o sexo e ele se procuravam.

Depois de conversar mais, apontei que o hábito deve ser entendido antes que possamos pretender resolver problemas sensoriais e emocionais. Esses problemas não devem ser superados por mera resolução ou por simples vontade, mas sim pela reflexão. O hábito, o costume, é, em sua própria natureza, sem sentido, e a falta de reflexão não gera liberdade. Na juventude fazemos coisas sem refletir, como fumar, o que gradualmente se transforma em um hábito. Se dissermos a nós mesmos que não devemos fumar, a determinação constante de não o fazer só cria outro hábito. É só na compreensão do hábito, ou seja, quando tomarmos consciência dele, quando nos tornarmos reflexivos, que podemos quebrar o hábito.

Nossa vida é uma série de ações irrefletidas que se tornaram hábitos – nos relacionamentos, nas religiões, em nossa vida política e social. Pensamos em fórmulas, em *slogans* enfadonhos e cansativos. O egoísmo é a essência da irreflexão, com todas as suas ações e problemas mesquinhos, limitados e cansativos. O sexo se transforma em um grande problema, uma vez que é uma fuga do ego, estreito e limitado. É uma ação deliberada e se transforma em um hábito. O hábito é um ato insensato.

Ao tomar consciência, a pessoa torna-se atenta. Por meio da atenção, ela começa a perceber os muitos hábitos de pensamento e sentimento. Esses hábitos devem ser pensados e percebidos em sua totalidade, e suas implicações devem ser observadas. Assim, quando a mente consciente houver compreendido plenamente e for aberta e livre, os conteúdos do inconsciente – a mente oculta – poderão se projetar na mente consciente, que estará preparada para recebê-los, uma vez que estará aberta e alerta. Quando eles aparecem, cada projeção deve ser captada e entendida. Assim, por meio de uma intensa atenção, as atividades sempre estreitas e mesquinhas do ego se rompem, e o correto pensar se torna realidade.

Quanto mais se luta contra um hábito, e quanto mais resistência se cria contra ele, menos sensato você se torna. Por meio de uma correta atenção, pensando em relação à todas as nossas atividades, hábitos de pensamento e sentimento são revelados e transcendidos. Desenvolver o oposto do medo é criar outro hábito, mas, quando tomamos consciência do medo e o observamos, sentindo-o plenamente, a falta de atenção não se desenvolve no estado de oposição, uma vez que não há liberdade nos opostos. Você deve tomar consciência de seus hábitos de pensamento e sentimento em relação aos seus relacionamentos, suas atividades políticas e sociais, sua religião.

Para tomar consciência você deve dedicar tempo a isso, ter paciência e estar alerta. Meditar é limpar o egoísmo da mente e do coração. Através dessa purificação nasce o correto pensar, que sozinho é capaz de libertar o homem da dor.

Capítulo 16

Registrando seus pensamentos

O. disse que não conseguia meditar; seus pensamentos vagavam por todo lado e ele não conseguia manter sua mente quieta. Sentia que já era hora de pensar nisso. Ele era um homem ativo, sempre envolvido em uma ou outra atividade.

Atividade sem profunda compreensão leva à confusão, ao estado atual do mundo. Sem autoconhecimento, a atividade inevitavelmente conduz ao conflito. A meditação é o começo da descoberta no autoconhecimento. Descobrir é libertador e criador, mas meramente se concentrar em uma virtude, em se tornar algo, agora ou no futuro, não é se descobrir no autoconhecimento. Tal virtude cultivada nunca é libertadora, criadora, e assim, permanece dentro dos limites da insensatez. De modo que a concentração em algo – em uma imagem, em um símbolo, em uma ideia – não é meditação. Forçar a mente a insistir em algo impede a descoberta; só molda a mente segundo um padrão, por mais nobre que seja, mas não a liberta. Libertar a mente é meditação.

Que ele se dê conta de seus pensamentos e sentimentos e siga cada pensamento, por mais trivial ou absurdo que seja. Esses pensamentos-sentimentos surgem devido ao interesse, à indolência ou ao hábito. Que ele descubra o que é. Ao pensar, sentir um pensamento ou sentimento, outros pensamentos e outros sentimentos se projetarão, e então ele se distrairá. Ao descobrir que está distraído, ele começará a despertar o interesse e o entusiasmo, o que naturalmente fará com que se concentre. Quando uma criança está interessada em algo, está totalmente concentrada; mas, quando a forçarmos a se concentrar, ela perde o interesse e sua mente vagueia. Estar tão consciente requer dedicação constante.

O. dizia que era difícil estar consciente para pensar, sentir cada pensamento, cada sentimento; não estava acostumado a isso. Ele poderia conseguir com a prática.

Ele deve estar atento a toda a questão da prática para que não se torne um hábito. O mero hábito destrói ou impede a receptividade, a descoberta, a compreensão. A atenção da mente vem através de uma vigilância constante, e a vigilância não é um hábito. Se para ele é difícil estar cônscio, que anote cada pensamento e sentimento ao longo do dia; que anote a intenção por trás de suas palavras, suas reações de ciúmes, inveja, vaidade, sensualidade etc.

Ele replicou que não podia registrar cada pensamento e sentimento, pois tinha que ganhar a vida, falar com muita gente, e tinha muito pouco tempo.

Então, que O. passe algum tempo escrevendo antes do café da manhã, o que requer deitar-se mais cedo, deixando de lado algum assunto social. Se ele anotar sempre que puder, à noite, antes de dormir, poderá ver tudo o que escreveu durante o dia. Que estude isso, que examine sem julgamento, sem condenação; e, ao estudá-lo, descobrirá as causas de seus pensamentos e sentimentos, desejos e palavras. Se o fizer com regularidade, ele notará que quando não conseguir escrever durante o dia, porque sua atenção está focada em outra coisa, estará registrando inconscientemente seus pensamentos, sentimentos, reações, que poderá anotar mais tarde, segundo sua conveniência.

Bem, o importante é que ele examine, estude com inteligência livre o que escreveu, e ao estudá-lo, perceberá seu próprio estado. Nas chamas da autoconsciência, do autoconhecimento, as causas são desveladas e consumidas. Ele não deve escrever uma ou duas vezes, e sim durante um número considerável de dias, até que seja capaz de tomar consciência instantaneamente de seus pensamentos e sentimentos, de suas reações e intenções. Assim, pelo autoconhecimento existe o correto pensar, do qual decorre todo o resto.

A meditação não é apenas uma autopercepção constante, e sim um constante abandono de si mesmo.

Do correto pensar vem a meditação, da qual surge a tranquilidade da sabedoria. Nessa serenidade o mais elevado se realiza.

Escrever o que pensa e sente, seus desejos e reações, provoca um estado de consciência interior, a cooperação do inconsciente com o consciente, a integração e a compreensão. O esforço está em se tornar atento, não em concentrar-se em algo, o que só impede a compreensão do todo.

Capítulo 17

Correto pensar, não pensamentos corretos

O dr. J., de um hospital de soldados feridos e mutilados, disse que era terrível ver jovens lesados, mental e fisicamente para sempre. Se alguns deles se recuperavam, eram enviados ao fronte para serem mutilados ou feridos de novo. Ele próprio não via os benefícios da guerra e se opunha a ela – destruir a civilização em nome da civilização, mas...

Estava profundamente comovido e cansado de estancar a dor física. De que adiantava tudo isso?

Você cura, mas só para que eles sejam feridos outra vez, mutilados de novo ou mortos. Para quê?

Quanto mais perguntas se formulam, mais desesperada se torna a situação quando não há uma resposta inteligente e verdadeira. A resposta inteligente e verdadeira não resulta de juntar as muitas partes e chegar a uma conclusão clara e satisfatória.

As muitas partes não formam o todo; mas quando se entende e sente o todo, as partes se encaixam e têm significado. Para compreender o todo, deve-se acabar com o apego à parte – o país, a raça, a classe, a família, o "eu". Quando a mente está ocupada e se torna escrava da parte, então a crueldade, a competição, a busca da riqueza, da fama e dos valores materiais adquirem extrema importância. Então, a paz é só outro significado da guerra, com todas as consequências de grandes catástrofes, fome, danos ao corpo e à mente, confusão, tristeza etc.

Enquanto cada um não se der conta de que é a isso que conduzem a vida temporal, o mundo sensorial e a imortalidade pessoal em suas diversas formas, haverá catástrofes, revoluções, guerras e sofrimento. Cada um deve compreender isso e abandonar a causa do sofrimento. Então, haverão grupos inteligentes e "espirituais" que levarão a uma paz duradoura.

Mas isso levaria muito tempo, disse o médico, e enquanto não acontecer, o sofrimento continuaria, com mais confusão.

Criar a estupidez e crueldade atuais requereu tempo e um pensamento astuto, séculos de ignorância e superstição; naturalmente chegar a uma compreensão diferente vai requerer paciência e estudo. Nesse assunto o tempo não deve ser levado em conta; o importante é que cada um se esforce pelo autoconhecimento, que é a única coisa que gera plenitude, e por sua vez, paz e compaixão. O autoconhecimento produz um correto pensar, que não é acorde a um padrão, a uma norma. O correto pensar tampouco é ter bons pensamentos ou pensamentos corretos, que são limitados, incompletos. Mas pela autopercepção do que pensa e sente, pensando e sentindo tão plena e completamente quanto possível, a pessoa começa a perceber – talvez debilmente no começo – o que é o correto pensar. O correto pensar liberta o pensamento do anseio, que é moralidade, virtude; funda o alicerce de toda ação e estado de relação com o um ou com os muitos. Disso surge o destemor, o amor e a compaixão. Sobre essa fundação toda meditação deve estar baseada, porque a meditação liberta, também enquanto virtude, o pensamento do desejo. A realização do supremo é o objetivo de toda vida.

Capítulo 18

Os muros da autoisolamento

M. disse que, embora conhecesse e encontrasse muitas pessoas, carecia de contato humano. Como fazer para consegui-lo?

Não o pedindo. Quanto mais pedir, menos terá; quanto menos pedir, mais terá.

A causa que impede o contato humano é o muro do autoisolamento que cada um de nós construiu ao seu redor. Os contatos superficiais que temos são meramente sociais, com pouco significado. Quanto mais se quebram os muros do autoisolamento, maior é o contato.

Será que o desejo de contato humano nasce da solidão, de um vazio interior que exige satisfação, de uma fuga do próprio sofrimento? Em caso afirmativo, então essas fugas endurecem as paredes desse ensimesmamento. Sem compreender a causa do autoisolamento, toda forma de fuga deve se transformar em uma distração, seja o cinema, a bebida, a lascívia, os rituais ou a religião, o trabalho social ou a guerra. Essas distrações criam mais conflitos e confusão.

Como se pode quebrar os muros desse estado ensimesmado? A maioria de nós não tem consciência deles. E, quando temos, nós os justificamos ou culpamos outra pessoa ou o ambiente; e, ao fazer isso, encontramos desculpas para o limitador processo do egoísmo.

Essas justificativas dificultam a compreensão da causa e a libertação. Para derrubar os muros do autoisolamento, primeiro é preciso ter consciência deles. Para compreender, deve-se estudar, examinar, não condenar, julgar ou justificar. A consciência é estudo e exame, suave e paciente, desses muros limitantes do pensamento. Eles nascem da educação, das tendências, das influências ambientais, ou do anseio ou instinto, e geralmente por todas essas causas. A causa é o egoísmo, o anseio de se expressar por meio do mundo sensorial, da vida temporal, e o anseio pessoal de fama ou imortalidade.

Isso ela deve estudar, examinar e compreender, e assim, ir além por meio da consciência do autoconhecimento, que engendra o correto pensar. Por meio do correto pensar ela será capaz de libertar o pensamento do anseio – uma tarefa extenuante. Por meio da consciência de perseguir o anseio se estabelece um fator ou faculdade do autoesclarecimento: ser honesto. É difícil ser honesto quando estamos desviados assim pelo desejo. Por meio dessa consciência começamos a compreender a natureza do amor, da misericórdia, da generosidade etc.

E o correto agir liberta a mente do medo, dando confiança ao coração. A virtude é a libertação do pensamento do desejo, das distrações, da inveja, da animosidade, da preguiça etc.

Ocorre também a percepção da construção da memória, a consciência do "eu" e do "meu", do passado e sua influência, porque somos o resultado do passado. Nossos pensamentos nascem do passado, e sem entendê-lo, a mente não pode ser livre. O presente é a porta de entrada para o passado.

Através do autoconhecimento há o correto pensar e o correto esforço de fato. O correto pensar é a base para uma vida correta, da qual, por meio da meditação, surge a quietude da sabedoria. A sabedoria é a simplicidade do coração. Nessa simplicidade se realiza o supremo.

Capítulo 19

Além de todas as religiões

O. perguntou se eu era cristão, hindu ou se ensinava o que ele considerava uma mescla confusa de todas as religiões. Eu disse que não era cristão nem hindu, que não pertencia a nenhuma religião em particular.

O que é um cristão ou um hindu? Ambos não representam certas fórmulas, certas superstições, crenças etc.? Os ensinamentos fundamentais do budismo, do hinduísmo ou do cristianismo não são os mesmos? Não estar preso às sensações, às coisa materiais, não possuir, amar, deixar de lado o egoísmo em todas as suas formas, buscar o supremo etc.? Assim sendo, por que chamar a si mesmo disso ou aquilo, o que, como o nacionalismo, só separa as pessoas, criando antagonismo e confusão? O acúmulo de séculos, os rituais, as crenças, os altares sombrios e os sacerdotes e seus cantos se tornaram mais importantes que o amor, que ser misericordioso, que não matar. Pois é mais fácil perder-

-se em crenças divergentes e nos cerimoniais que impressionam do que buscar a realidade dentro de si mesmo.

O mundo está partido, separado pelo nacionalismo, pelos preconceitos raciais, por incontáveis seitas e religiões, que nunca se fundem e, ao contrário, absorvem e desintegram, dominam e exploram, causam incessantes conflitos e antagonismos. Essa é uma das causas da guerra.

Só há a realidade, o supremo indivisível. Só existe uma humanidade e uma justiça, e o caminho para sua realização não passa por nenhum outro lugar, por nenhuma outra pessoa senão por si mesmo. Busque sua libertação e então libertará o mundo de sua confusão e conflito, sua dor e antagonismo. Porque você é o mundo, e seu problema é o problema do mundo. Se você se apegar a suas crenças, a seus deuses insignificantes, a sua nacionalidade, a suas posses, a seus líderes, criará um mundo de confusão e conflito, de seitas, de preconceitos raciais e religiosos, de fronteiras econômicas e ideológicas, o levará sempre à separação, criando animosidade e multiplicando catástrofes.

É preciso deixar de lado essas coisas superficiais, as distrações, as indulgências autoenganosas, e cultivar o correto pensar. O correto pensar vem por meio do autoconhecimento. O autoconhecimento não se baseia em nenhuma fórmula; é por meio da atenção constante de nossos pensamentos e sentimentos, de nossas ações e reações, e de todos os opostos que se encontram dentro de nós, que vem o autoconhecimento, a partir do qual surge o correto pensar, o correto compreender. O correto pensar exige uma dedicação correta e uma ação que não seja excludente, porque o autoconhecimento não é um conhecimento intelectual, que é discriminatório, limitado, estreito. Na compreensão de si mesmo está a compreensão do todo.

Para realizar o supremo, comece a compreender a si mesmo. Essa compreensão não deve ser adquirida por meio de outros, por meio de uma igreja, por meio de qualquer organização, e sim por meio de sua própria percepção do anseio. A ânsia por sensualidade, coisas materiais, imortalidade pessoal, riqueza, poder, fama, autoridade, milagre e mistério causam sofrimento, e ninguém pode libertá-lo a não ser você mesmo. Da liberdade dessas amarras vem a sabedoria, que abre a porta do mais elevado.

Capítulo 20

O que é rótulo, o que é fato?

B., que vinha de certa distância, estava profundamente desiludido, muito sozinho e infeliz. Havia trabalhado em várias reformas sociais, participado de muitos grupos religiosos, atuado na política e tentado ganhar dinheiro o melhor que podia. Estava perdido e não sabia por onde recomeçar. A guerra não o aceitara, e ele estava feliz por ser dispensado de matar. Achava seu trabalho enfadonho, e as pessoas ambiciosas, cruéis, interessadas em si mesmas, em seu grupo, em sua ideologia, o que as tornava brutais e intolerantes. Por onde começar, e com que começar? Ele queria fazer algo criativo.

Falamos de reformas sociais – reformas que só exigem mais reformas. Embora necessárias e boas, as reformas não chegam ao fundo das coisas, às causas profundas. E as revoltas e crises violentas, embora prometam grandes mudanças, acabam em terríveis derramamentos de sangue e opressão. Há, nos grupos religiosos e no pensamento religioso, autoritarismo, seguidores cegos, romantismo, intolerância em diversos níveis. Discutimos essas coisas sob diversos pontos de vista.

Para ser contínua e verdadeiramente criativa, a pessoa deve começar por si mesma. Porque o mundo é a pessoa, e, sem compreender a si mesmo, ser criativo é criar lutas, competição e a característica crueldade da civilização. Por meio do autoconhecimento descobrem-se os processos do autoisolamento; essa descoberta é libertadora e criadora, porque o que se descobre é a verdade, e a verdade liberta. Essa descoberta se vê impedida quando há identificação. Através da autopercepção, descobrem-se as causas da identificação e da limitação. Ter consciência de si mesmo é extremamente difícil: ter consciência de si mesmo sem julgamento, sem identificação com dogma, credo, raça etc. Mas, como a maioria de nós se identifica, julga, escolhe, temos que ter consciência desses julgamentos, identificações, dos rótulos que colocamos – palavras primeiro e fatos (ou realidade) depois. Ao tomar consciência disso tudo, começamos a compreender sua causa, e com uma atenção constante a causa se dissolve. Por meio do autoconhecimento descobrimos nossas limitações, o autoisolamento, e essa descoberta não é só reveladora: é libertadora e criadora.

É difícil adquirir tanta consciência, mas, se você começar a anotar todos os seus pensamentos e sentimentos, reações e ações, começará a ter consciência do estado de seu ser. É evidente que você não tem tempo para registrar todos os seus pensamentos e sentimentos, mas, se escrever ou anotá-los com interesse todos os dias, verá que seu inconsciente estará anotando-os enquanto sua atenção estiver em outros assuntos, para que, quando você tiver tempo de escrever de novo, suas ações e reações sejam recordadas. Isso provocará o discernimento entre o que é rótulo, palavra, e o que é verdadeiro, real – a identificação com um dogma, um credo, uma crença e assim julgar que é. Isso provocará uma grande sinceridade de pensamento e a atenção alerta e ansiosa, que é essencial para a descoberta do real. Essa atenção é totalmente diferente da concentração imposta, que se torna uma questão de hábito, que leva à indolência da autossatisfação e da gratificação. Essa atenção ajudará a trazer à consciência o conteúdo do inconsciente, as motivações, os fatores ilusórios, os pensamentos ocultos e as identificações, acabando, assim, com o anseio individualista e que provoca o ensimesmamento. É esse anseio, com suas amarras e limitações, que torna o pensamento-sentimento mesquinho e estreito, dependente e possessivo. Essas barreiras impedem um verdadeiro ato criador. São essas amarras autocriadas que impedem a realização do não criado.

Libertar o pensamento-sentimento dessas amarras é o começo da meditação. Não é uma questão de tempo, e sim de uma atenta e paciente compreensão das ondas do desejo. Disso decorre o autoconhecimento e a mais elevada sabedoria.

Capítulo 21

Não só de pão

H. disse que sua religião era o socialismo, porque sem pão não havia Deus nem homem. Para que houvesse pão para todos, deveria haver uma ação drástica, uma eliminação das pessoas que se interpusessem no caminho. Nesse mundo, a violência, embora lamentável, era necessária para produzir as mudanças requeridas para o bem-estar humano, para a unidade do homem. A violência geraria unidade; deveria ser utilizada para obter a paz. No passado, a violência gerava mais violência, mais derramamento de sangue, mas agora as coisas são diferentes: somos mais educados, mais controláveis, mais avançados na evolução. Se pudéssemos fazer desaparecer as pessoas equivocadas e pôr as certas em lugares elevados, teríamos um povo feliz. As pessoas certas ajudariam o povo a se educar, a resistir à exploração, a ser fraternal, porque não haveria fronteiras econômicas, nem nacionalidade, nem diferenças raciais. O fim justificaria os meios. Os meios poderiam ser sangrentos, mas o fim seria bom. Vejam esta guerra; porém, teríamos um mundo melhor depois dela, uma geração mais próspera e feliz.

Conversamos, e eu lhe perguntei gentilmente se ele próprio havia colocado o pão em primeiro lugar. Ele respondeu que não e pareceu surpreso.

Não vivemos só de pão, e se dermos valor primário ao secundário, seguir-se-á confusão. Sem o pão não podemos viver, mas como cada um segue os apetites luxuriosos do mundo sensorial, da vida material, da imortalidade pessoal – ou do poder, da fama, da riqueza; ou da autoridade, do mistério, do milagre –, haverá conflito, crueldade e derramamento de sangue. Os valores relativos às sensações adquiriram uma importância primordial, e por razão eles traem e levam à confusão absoluta. Devido à esses valores há guerra, derramamento de sangue, revolta, privação, ódios de classe e nacionais. Esses valores relacionados aos sentidos não são derrotados por nenhum tipo de violência, pois a própria natureza do sensorial é criar conflito; e enfrentá-los com violência é gerar mais conflito, mais antagonismo, mais confusão. O desejo de ser próspero causa depressão, fome, miséria. Os opostos geram seus próprios opostos, e nos opostos não há solução. Só além e acima dos opostos estão a felicidade e a esperança para o homem.

Paz não é o contrário de violência, e sim o resultado da compreensão da inutilidade da violência, seus inevitáveis perigos e implicações. A paz, o amor, são integrais. Não são opostos, são completos. Os valores relativos às sensações e o anseio individualista dão como resultado uma demanda cada vez maior de satisfação e, portanto, necessidade de riqueza e poder. Esse desejo de poder, de fama (imortalidade pessoal) não deve ser transformado pela coação, pela substituição, pela violência ou a liquidação. Métodos equivocados e ruins, por mais nobres que sejam os fins, geram fins ruins e equivocados. No começo está o fim. Por meio do derramamento de sangue, por meio das guerras, por meio da opressão não se pode criar amor, boa vontade, fraternidade e liberdade. Ódio gera ódio, como violência gera violência. Só com os meios corretos – amor e paz – haverá um mundo saudável, pacífico e criativo.

Capítulo 22

Era o carma dele morrer desse modo?

M. disse que seu irmão, a quem amava muito, mais que a seus próprios filhos, havia morrido repentinamente. M. estava muito triste e confuso pelo acontecimento; embora tivesse forte inclinação para a religião, não encontrava consolo em suas crenças, porque essa morte havia destruído toda a estrutura religiosa que havia construído. Ele lera muitos livros sagrados orientais. Teria sido o carma do irmão morrer assim, não realizado, despedaçado no campo de batalha? Teria ele outra oportunidade? Não estaria perdendo as enormes oportunidades da vida? Por que seu irmão teve que ser assassinado, ao passo que ele mesmo se realizava, vivia, existia? Estaria seu irmão vivendo no outro lado, como alguns dizem?

Trata-se de um problema muito complexo, difícil de compreender. As meras crenças, afirmações ou suposições são de pouca utilidade. Quando alguém sofre profundamente, deve deixar de lado os remédios e dispositivos superficiais e não se sentir tentado a se consolar neles, porque destroem a compreensão real. É o cultivo dessa compreensão que libertará da dor.

Somos indivíduos? Ou somos o produto de muitas causas cujo efeito é a individualidade? Será que não somos nós a massa, com um ocasional pensamento-sentimento que se possa dizer que não é dos muitos, da massa? Embora o mundo humano seja dividido em nações, etnias, classes, grupos econômicos e religiosos, não são todos os seres humanos fundamentalmente similares – sentindo ódio e amor, sendo gananciosos e invejosos, temerosos e assertivos etc.? Enquanto o pensamento-emoção se identificar com o grupo, com a nação, com a religião etc., certamente a pessoa não estará separada; pertencerá à massa, à tradição, ao passado sombrio e, assim, será atraída para o ódio, a cobiça, os convencionalismos e as barbáries do grupo, da nação, da raça. Embora haja sentidos-intelectos separados, embora você viva em uma casa separada, com poucas ou muitas posses, com um nome, com um rótulo, isolando-se, isso é individualidade? Não continua sendo a massa? Porque você é o resultado de muitos componentes, feito de muitas influências. Enquanto for massa, inevitavelmente criará sua reação oposta: a individualidade, com todas as suas esperanças, anseios, crenças, ações e sofrimentos autocentrados.

Desse modo, você se torna o centro da contradição, e esse centro é o *self*, o "meu", a consciência do "eu". Esse centro possui alguma existência verdadeira e duradoura? Não muda dia a dia, hora a hora? Não há nada estável, permanente nele. Ainda assim, nós nos agarramos a ele, a esse estado contraditório, que não tem existência. O ser é uma ilusão criada pelo anseio. Os tormentos da ânsia intensificam a ilusão, e isso é o que deve ser profundamente compreendido e transcendido para que seja possível vivenciar o eterno, o imortal. Vivenciar isso é de modo geral, nossa preocupação pois fora disso há conflito, confusão, sofrimento.

Viver resume-se no preenchimento do vazio causado pela perda do irmão? A realização da vida consiste em preocupação, ansiedade, cobiça, conflito, prazeres e dores de amor, enormes incertezas? Será isso existência de fato? Não está ele triste pelo irmão e, por sofrer, não estaria ele próprio em um dilema? Será que M. pensa que está realizado e por isso chama esta vida de conflito, confusão e tristeza de uma vida completa? Tal existência não seria um estado desprovido de reflexão, que inevitavelmente provoca dor e sofrimento? Se ele se conscientizar das muitas causas desse sofrimento, se refletir sobre elas e se libertar delas, encontrará um tesouro que não se corrói com o tempo, que não se destrói.

O passado, em conjunção com o presente, cria a consciência do eu, o sentido de individualidade. Essa individualidade tem seu próprio devir, sua própria existência de conflitos e tristezas, porque sua natureza é autoisoladora, autocentrada. Sua própria existência é uma oposição, e por mais que esse eu ilusório tente se aperfeiçoar no espaço-tempo, continuará sendo o que é: um centro de anseio, e assim, a causa da ilusão. Enquanto existir o anseio, a ilusão de existência separada continua, com seus problemas de nascimento e morte, amor e ódio, progresso e fracasso, o presente e o além etc. Qualquer pergunta que surja dessa ilusão deve ser ilusória, assim como as respostas a ela. Só quando o pensamento-emoção se libertam da ilusão do eu – que o pensamento-emoção, o sentido-intelecto criaram – haverá uma realidade, um lampejo que não é entendido por uma mente-emoção presa ao desejo. Ao observar, investigar e compreender o desejo, ao tomar consciência dele, surge uma nova faculdade, uma nova vontade, uma nova compreensão. É essa nova compreensão que gera a experiência do supremo.

Capítulo 23

O veneno do ódio

W. perguntou como se libertar do ódio. Reconhecia que o ódio era venenoso para si mesma e para quem odiava. Havia tentado diversos métodos para se livrar dessa coisa feia – preces, afirmações, substituições, atividades etc. –, mas notava que aquilo voltava, às vezes com mais força; e outras vezes mal tinha consciência daquilo. Tinha medo do ódio estar se tornando uma fixação, e estava bem assustada.

Conversamos um pouco, e nesse momento concordamos que o ódio, a animosidade proliferavam no mundo, que era diligentemente fomentado por diferentes formas de propaganda. Ódio e animosidade são inevitáveis em um entorno social que alimenta e dignifica a cobiça e a inveja. Uma sociedade que estabelece o sucesso, a ambição pessoal e a competição como ideal está destinada a gerar crueldade, uma forma de ódio. Uma civilização muito avançada tecnologicamente deve eliminar a piedade, a compaixão, e ficar desesperadamente presa aos valores materiais, sensoriais que inevitavelmente conduzem a antagonismos, conflitos e guerras. Em uma sociedade em que a caça e outras formas de barbárie se transformam em entretenimento, em distração prazerosa, basta um passo para que o mesmo instinto se volte para matar o próximo, em nome de Deus, de um país ou de uma ideologia.

Somos o resultado do passado, e, sem que cheguemos a compreender as muitas maneiras pelas quais o ódio, a animosidade e outras formas de antagonismo são consciente ou inconscientemente cultivadas, vencê-los não só se torna um desperdício inútil de esforço, como também fortalece o tipo de pensamento equivocado que causa outros desastres. A substituição do amor pelo ódio conduz não apenas à dissimulação e à hipocrisia como também promove o tipo de pensamento-sentimento equivocado. Esses e outros mecanismos superficiais impedem a descoberta positiva da causa do conflito, do ódio, da cobiça etc. É possível estabelecer um hábito disciplinar que resista ao ódio, mas esse mesmo hábito gera insensatez, o que causará animosidade, ódio etc. numa outra forma, em diferentes circunstâncias. Nem a supressão, nem a substituição, nem a disciplina autoimposta erradicarão o ódio. O ódio é um efeito, uma reação, um resultado, e suas causas devem ser buscadas, investigadas.

Da investigação, da tomada de consciência, da descoberta das causas, nasce o correto pensar. É esse correto conhecimento que destrói completamente a causa e o efeito do ódio. Para que se possa investigar, a emoção-pensamento deve estar livre de qualquer viés, pois qualquer ação tendenciosa impede a descoberta. De modo que as tendências, inclinações e instintos devem ser observados, estudados e compreendidos. Desse modo, começamos a perceber as influências ambientais passadas e presentes e nossa própria participação ativa nelas. Isso não diminui o conflito e pode até aumentá-lo, e a partir da própria agudeza do conflito surge a correta compreensão.

O ódio, como todos os outros problemas psicológicos, deve ser entendido no relacionamento, porque não há nada, nenhum problema totalmente isolado. O correto conhecimento, o correto pensar, podem nos libertar do sofrimento.

Capítulo 24

Na encruzilhada da vida

H. chegou em um estado de perplexidade, bastante excitado, explicando que estava diante de duas ou três alternativas; havia chegado à encruzilhada de sua vida e não tinha certeza do curso que deveria seguir. Poderia se casar, seguir um impulso artístico que vinha desenvolvendo havia vários anos ou ir para algum lugar e ficar quieto, estudar e meditar. O que devia fazer? O que era correto para ele; o que devia escolher?

Depois de conversar um pouco, H. logo se deu conta de que ninguém podia escolher por ele ou ajudá-lo em sua decisão. Se outro o persuadisse a fazer uma escolha em particular, esta não só deixaria de ser sua responsabilidade, como também, mais tarde, ele se arrependeria, sentindo que a escolha que havia sido persuadido a fazer o havia levado a um estado de falta de realização etc. H. precisa se dar conta da importância disso para si mesmo.

Por que havia se colocado em uma posição de escolha? Era uma questão de escolha? O que significa escolher? Selecionar, discriminar entre alternativas diferentes. Qual é o motivo, o poder que o faz decidir por um e rejeitar o outro? Seu preconceito, sua inclinação, sua experiência, sua influência ambiental etc., ou seja, a escolha depende do que você gosta ou desgosta, da satisfação, dos ganhos e lucros, de seu maior desejo ou desejo de mudança etc. Esse conflito entre desejo e escolha não conduziria à compreensão, a uma percepção clara e imparcial? Não existiria sempre confusão e conflito de escolha nesse processo discriminatório? Não há na escolha uma oposição, um sentido de dualidade? É possível perceber o que é verdade em um estado de conflito, confusão e antagonismo? O conflito da escolha não deveria acabar para que se pudesse ter uma percepção clara e para compreender? Não estaria a escolha dentro da limitação do egocentrismo do anseio, e, portanto, nunca poderia se tornar o meio de libertar a emoção e o pensamento? A escolha não fortalece, ao contrário, a obstinação, o desejo de ansiar, a identificação do "eu" e do "meu", que conduz ao autocentramento, à exclusão, à dor e ao sofrimento, à ilusão e à ignorância que dela derivam?

Quando não se pensa além do que a escolha implica, quando se toma consciência de seu processo, a confusão e a incerteza do desejo – com suas vontades ou escolhas conflitivas e opositivas – são entendidas e se dissolvem. Essa compreensão é meditação, porque, sem o correto pensar, o conflito dos opostos continuará.

Capítulo 25

Buscando estímulo no lado de fora

R. M. disse: "Quero entender e quero ser entendido. Sou artista, pintor. Eu crio e quero que minhas criações sejam apreciadas". Ele prosseguiu explicando que precisava de incentivo, não de uma crítica constante dos jornais e do público; que o artista vivia não só para si mesmo, mas também para os outros. "Quero entender, mas também quero que me entendam", era o significado de tudo que dizia.

Conversamos um tempo; ele falou de sua vida, de seus problemas e de suas incertezas; e então apontei que dar a mesma importância, como ele fazia, no compreender e em querer ser compreendido era um grave erro, porque um era um ato criativo e o outro meramente satisfatório. O primeiro, mais importante, ocorre nos momentos de criação, e, quando esses momentos são poucos e distantes entre si, o pensamento se volta para o estímulo ambiental. Quanto mais se busca o estímulo e a satisfação no exterior, mais raros se tornam os momentos de êxtase de criação. Quanto mais somos distraídos pelas pessoas, pela diversão, pela bebida, pelos muitos meios de induzir o esquecimento, mais fraco fica o momento criador direcionado, no qual há compreensão. Esse momento não deve ser revivido por meio de distrações como mudança de país, de cenário ou de ambiente, que podem ser bastante temporários e superficialmente excitantes. Só quando todas as distrações internas e externas são compreendidas e transcendidas é que há a realidade irredutível, o êxtase da criação. Esse momento é o auge da compreensão pela negação, porque o não criado é sempre novo, sempre vivo; mas a mente busca sempre, dissimuladamente, astuciosamente, a satisfação da segurança, uma ancoragem, um lugar de descanso. Só no momento de grande incerteza inquestionável, na quietude profunda, é que há compreensão.

É extremamente difícil e árduo tomar consciência dessas distrações internas e externas. Não é na negação delas, e sim na compreensão de sua natureza e de seus caminhos, que ocorre a concentração que expande.

O autoconhecimento, ou a autoconsciência, traz consigo o correto pensar, e sem o correto pensar, que é totalmente diferente do pensamento correto, não é possível encontrar essa concentração criativa livre de todas as distrações.

Capítulo 26

Ascetismo e outras formas de poder

O dr. B. disse que queria vencer seus apetites sexuais para poder se concentrar mais no trabalho.

É preciso entender profundamente o poder e seus problemas complexos. Renunciar aos apetites sexuais é relativamente fácil, mas a energia que isso libera cria incontáveis problemas. Renunciar a um tipo de poder pessoal em nome de outras formas de poder pessoal é desprovido de sentido, leva à ignorância e ao sofrimento. É preciso entender o poder em suas diferentes formas.

O ascetismo, uma determinada abstinência, uma negação calculada e controlada, propicia um grande poder pessoal, e por mais significativo que seja, é ensimesmador; por mais profundo que seja, é estreito e limitante. Tal poder é excludente, individualista, separativo e, portanto, não propiciará essa compreensão do todo – compreensão sem a qual há conflito, sofrimento e antagonismo. Esse anseio de poder é uma forma de segurança, e é somente na insegurança – que não é o contrário da segurança – que há compreensão.

O intelecto busca esse poder por caminhos tortuosos – por meio da astúcia, da inteligência superior, da argúcia; por meio do domínio da razão e do pensamento; por meio de teorias e formulações; por meio de prestígio político e social; por meio das organizações religiosas e econômicas. Por meio do conhecimento, o intelecto busca o poder e a dominação que ele propicia. O intelecto sempre busca segurança, de forma aberta ou dissimulada, e segurança significa poder pessoal. É a sede do engrandecimento e cessação da busca pessoal. É a fonte da autocontradição e de todos os seus problemas, e suas respostas são sua própria criação na busca de segurança e poder. Essa busca, oculta, sutil e habilmente delineada, cria em seu rastro os complexos problemas humanos de relacionamento – cobiça, inveja, medo etc. Não compreender os percursos do poder, não se abster das formas de poder, sexual e outras, apenas concede maior força aos desejos ocultos.

Mais uma vez, há uma força extraordinária na emoção, no sentimentalismo, no romantismo, na imaginação. O poder se manifesta em diversas formas de atividade – religiosas e sociais, individuais e coletivas, nacionais e raciais etc. Quando se concentra no campo emocional, torna-se extremamente viciosa e perigosa, conduzindo a todo tipo de catástrofes e sofrimentos.

Mais uma vez, a abstinência, em sua busca de poder e segurança, dá ao organismo corporal uma grande força e enaltece a importância do aspecto sensual.

Tudo isso traz seus problemas peculiares, e suas respostas são inevitavelmente parciais, incompletas e falsas.

Portanto, ao tomar consciência do complexo problema do poder, sem o indivíduo se identificar e julgar, mas praticando a observação silenciosa e, portanto, compreendendo negativamente, o efeito causal do poder é entendido e transcendido. Assim, derrubadas as defesas que o intelecto construiu, e com a compreensão e dissolução destas defesas à medida que surgem, chega, imperceptível e inconscientemente, o amor. Sem amor, as muitas formas de poder, com seus conflitos, confusão e antagonismo, nunca poderão ser transcendidas. Nessa chama de amor dissolve-se o complexo desejo pelo poder. Todas as demais soluções e respostas ao problema do poder só aumentam a cobiça, o medo e a ignorância, e não há modo de sair dessa confusão exceto pela compreensão e pelo amor.

Essa compreensão é uma tarefa muito mais árdua e extenuante que disciplinar o poder, e tal disciplina é, em última instância, fechar-se em si mesmo, é estreitar-se, limitar-se. O incomensurável, o incognoscível, se realiza no amor, e não nas profundas e sutis defesas do intelecto. Nesse estado suprarracional, com o silêncio do intelecto, quando a razão já se esgotou, conhece-se esse amor que dissolve todos os problemas. É esse amor que deve ser sentido e compreendido.

Capítulo 27

O que é consciência?

B., que vinha de longe, perguntou: "O que é consciência, e como se tornar cônscio?".

Para responder a uma pergunta desse tipo é necessário saber como pensa a pessoa que a faz, seu contexto; portanto, conversamos sobre sua vida, as complexidades da existência e suas dores, e a beleza das montanhas.

A consciência vem por meio da clarificação e da compreensão. Não é algo que se aceite cegamente nem produto de alguma autoridade. É inerentemente o resultado e o início do autoconhecimento; do autoconhecimento nasce a intensdade da chama da consciência. O correto pensar vem pelo autoconhecimento, e o correto pensar é o combustível da intensidade e profundidade desse estado consciente. Sem o correto pensar não há aclaramento, que não se atinge por meio da determinação ou do mero exercício da vontade. Pois a mera vontade fortalece as tendências, os hábitos e a ignorância, mas a compreensão, o esclarecimento, vem por meio do correto pensar nascido do autoconhecimento.

Como há confusão, uma contradição em nosso pensamento-sentimento, causada pela ganância, pelo medo e pela ignorância, devemos nos propiciar clareza e compreensão por meio da autoconsciência. Essa clareza é negada, obscurecida, quando, em vez de se seguir o pensamento e o sentimento, em vez de pensar-sentir o mais intenso e profundamente possível, a pessoa faz um mero julgamento, uma negação, ou uma aceitação. No pensar e no sentir deve haver autopercepção, e tal consciência é reduzida com o julgamento.

Para se obter a clareza da compreensão deve haver ordem, a compreensão da consciência nos seus diferentes níveis – o sensorial, o emocional, o intelectual, o físico, o ideal, o racional. Embora cada nível de consciência seja "separado", todos estão inter-relacionados. Cada um deve ser aclarado, e à medida que cada pensamento-sentimento for se manifestando, siga-o, pense-sinta isso. Cada vez que pensamento-sentimento é clareado, a percepção se torna mais sensível e aguçada. Assim, em cada pensamento-sentimento, quando intensamente pensado, sentido, a consciência se torna abrangente, inclusiva. Com a experiência, saber-se-á quais são as pistas importantes do pensamento-sentimento que devem ser seguidas, e quais não. Quando é dada atenção à uma outra coisa, você perceberá que inconscientemente são registradas agitações do pensamento-sentimento, que se projetarão quando você focar sua atenção novamente.

Por meio de intensa investigação e compreensão a mente se aquieta em profundo estado de atenção. Nesse estado de consciência silenciosa, o sentimento surge sem causa, um sentimento que não é produto de nenhuma influência, de nenhum anseio. À medida que esse sentimento, esse gozo, esse êxtase surge, a mente salta sobre ele, para armazená-lo, para que seja desfrutado. Ou diz a si mesmo: "Como é prazerosa esta nova alegria", e assim, em sua degustação, em seu desfrute, esse êxtase fica armazenado na memória, para ser desfrutado. De modo que a realidade viva desse imenso sentimento se perde, enquanto a mente se apega à sua memória, morta e vazia. Mais uma vez, a clareza e a compreensão desse desejo de apegar-se a uma experiência, transformando-a em um hábito, uma ancoragem, uma segurança, devem surgir quando a pessoa seguir esse anseio intensamente e, assim, propiciar uma percepção ainda maior e mais profunda do silêncio incomensurável, no qual existe o amor incomensurável da realidade. Esse estado de atenção transcende o sensorial e o racional.

Capítulo 28

Sonhos perturbadores

R. disse que estava perturbado por uma variedade de sonhos e que essa inquietação aumentava e diminuía segundo seu estado mental. Os sonhos perturbadores se repetiam havia alguns anos e, embora ele tivesse consultado psicanalistas, continuavam com diversos graus de intensidade. Como poderia acabar com eles, e quais eram os passos necessários para ter um sono sem sonhos?

Falamos da vida dele com naturalidade; de seus relacionamentos, suas distrações. Ele era um homem gentil e inteligente, versado em diversas filosofias.

Quanto mais formos conscientes durante as horas de vigília, seguindo cada pensamento-sentimento o mais completa e profundamente possível, menos sonhos ocorrerão. Porque quando a pessoa não está consciente, não está acordada durante o dia, a significação e as avaliações de incidentes e reações lhe escapam, por indolência, por falta de atenção no momento oportuno. Mas os eventos e as respostas, se forem importantes, serão registrados pela mente interna. Durante o chamado sono, esses registros assumem a forma de sonhos, importantes ou triviais. Esses sonhos têm que ser interpretados pela própria pessoa ou por um profissional, e ambas as opções têm seus riscos. Para interpretar seus próprios sonhos a pessoa deve estar livre de preconceitos, de ansiedade, de qualquer desejo que possa distorcer, de qualquer julgamento – o que é extraordinariamente difícil. Qualquer falsa interpretação só confunde, dando uma nova configuração ao sonho. Para evitar essa confusão interpretativa, com suas preocupações e questionamentos, é mais sábio e sensato estar alerta e consciente durante as horas de vigília, seguindo cada pensamento-sentimento, cada reação, o mais completa e amplamente possível – o que exige seriedade e atenção. Se você procurar um psicanalista, não só não perceberá as imensas riquezas que se escondem dentro de si, como também criará inevitavelmente uma dependência, o que é muito pior que todos os sonhos, pois a dependência cria segurança, e na segurança não há compreensão.

Tornando-se atento à cada pensamento-emoção, à cada resposta, sentindo-os o mais profunda e plenamente possível, você verá que a ordem, a clareza e a compreensão vêm com uma maior intensidade de uma ampla percepção. E, assim, os sonhos diminuem e se dissolvem durante o período de vigília e de sono, e este se torna tão importante quanto as horas de vigília. Pois o sono, então, é a intensificação do estado de vigília, e, correspondendo ao estado de vigília está o sono; e tanto no estado de vigília quanto no sono há diferentes níveis de consciência. Quanto mais uma pessoa toca conscientemente os níveis mais profundos no estado de vigília, mais se percebe, ao dormir, aqueles estados que estão além das profundezas da consciência. Se a pessoa tiver essa experiência, verá que isso tem um efeito profundo na mente consciente e desperta.

Vivenciar o estado que se encontra acima e além do alcance da mente consciente é muito difícil, porque o inconsciente deve esvaziar seu conteúdo por meio da consciência, por meio da abertura, da mente consciente. Assim, na profunda quietude está a realização daquilo que não tem nome.

Capítulo 29

A grandeza do relacionamento está na sua própria insegurança

H. disse que relacionamentos lhe pareciam muito difíceis e conflituosos; começam com certa alegria, mas logo surgem a discórdia e a dor. Ele perguntou como sair desse conflito.

Ser é se relacionar, e todo relacionamento é doloroso. A própria natureza do relacionamento causa distúrbios. Você pode formular mentalmente um padrão de relacionamento ideal, mas isso é apenas fugir dos fatos. Esse ideal intelectual impede o ajuste e a possibilidade de ir além do conflito. Então, o padrão se torna mais importante que a compreensão. A identificação impede o correto pensar.

Relacionamentos são inevitavelmente dolorosos, o que é demonstrado em nossa existência cotidiana. Se não houver tensão, o relacionamento deixará de ser um relacionamento e se transformará em um estado confortável, sonolento, um opiáceo, que a maioria das pessoas quer e prefere. O conflito se dá entre essa ânsia de conforto e o que é real, entre a ilusão e a realidade. Reconhecendo a ilusão, você poderá, deixando-a de lado, dar atenção à compreensão do relacionamento. Se você busca segurança nos relacionamentos, está investindo no conforto, na ilusão, e a importância do relacionamento está na insegurança. Se você busca segurança nos relacionamentos, está criando obstáculos para a sua função, o que provoca suas próprias ações e seus infortúnios.

Certamente, a função do relacionamento é revelar o estado de todo nosso ser. O relacionamento é um processo de autorrevelação, de autoconhecimento. Essa autorrevelação é dolorosa, exige ajuste constante, flexibilidade de pensamento-emoção. É uma luta dolorosa, com períodos de iluminada paz. Desarraigar hábitos, proibições, filosofias e doutrinas é muito perturbador e extenuante. Mas a função do relacionamento é propiciar a compreensão; e para compreender, o conflito parece necessário. No autoconhecimento pleno não há dor, conflito e confusão; e o relacionamento é o caminho para isso. Não há isolamento nem mesmo para o homem que se abstém das distrações do mundo. Na exclusão existe a ignorância. Tudo está relacionado, e na compreensão dessa relação, com suas tensões e sua alegria, na solidão da compreensão, as tensões e as lutas, as dores e alegrias limpam da mente e do coração as barreiras de autoisolamento e, assim, propiciam a realização da beatitude do supremo.

Mas a maioria de nós evita, põe de lado a tensão do relacionamento, preferindo a facilidade e o conforto de satisfazer a dependência, uma segurança indiscutível, uma ancoragem segura. Assim, a família, o relacionamento, se transformam em um refúgio. É o refúgio dos insensatos. Quando a insegurança inevitavelmente se arrasta rumo a essa dependência, o relacionamento em particular é descartado e assume-se um novo, esperando maior segurança nele. No relacionamento não há segurança, e a dependência só gera medo. Sem compreendermos o processo de segurança e medo, o relacionamento se transforma em um obstáculo, uma forma de ignorância. Toda existência é luta e dor. Não há outra saída que não seja o correto pensar, que provém do autoconhecimento. No autoconhecimento se realiza a bem-aventurança do eterno.

Capítulo 30

Para afetar o todo, a parte deve se transformar

P. disse que, ao tentar seguir o que eu havia dito sobre a consciência, descobriu que tinha um preconceito contra a etnia mais escura deste país (Estados Unidos). Como se livraria desse preconceito? Ele havia sido criado no sul, explicou, depois de mais conversas; embora havia muito tempo não morasse mais lá, descobriu que esse preconceito, ainda que latente, estava pronto para ser despertado.

Não há como alguém "se livrar" de um preconceito sem compreender suas causas e efeitos; quando estes são entendidos, o problema passa a um nível mais profundo e fundamental. Quando analisamos esse nível mais profundo, o efeito causal imediato perde seu significado e sua importância.

Pode-se perceber com bastante facilidade como surgiu essa forma particular de preconceito: do problema da escassez de mão de obra, da escravidão, da dominação dos brancos e do desejo de manter a superioridade política e econômica sobre os povos mais escuros e populosos do sul. O medo, o preconceito, a crueldade, o desprezo e o elitismo são alguns dos males que se multiplicam quando se permite o mal da escravidão e todos os horrores bárbaros relacionados a ela.

Ao permitir um grande mal, como a guerra, abre-se a porta para uma variedade de pequenas desgraças e catástrofes. Você foi educado nesse preconceito, adquiriu-o, herdou-o da tradição, e essa herança é mantida e inflamada por seu desejo inato de dominar, de ser poderoso, de ser superior. É esse impulso inato que alimenta e sustenta o preconceito, e tentar se livrar dele – o efeito superficial – será inútil enquanto ele for alimentado por uma causa mais profunda e poderosa. Quando se compreende essa causa mais profunda e poderosa, tudo que tem importância secundária desvanece por si só. Quando se enfatiza o que é básico, de importância primordial, aquilo que é secundário perde peso e significado. Dar ênfase ao menor, ao secundário, leva a todo tipo de confusão e dor, e se torna insolúvel.

Quando não se compreende e não transcende o desejo de dominar, de ser poderoso e de ser superior, nascem o medo, a crueldade, a inveja e outros bloqueios. A pessoa pode perceber que a dominação e o poder sobre os outros inevitavelmente conduzem à revolta, ao antagonismo, à tirania e, em última instância, à guerra.

Não se pode mudar os outros, levar o bem aos outros, enquanto não mudar a si mesmo, enquanto não se tornar bom. Você é parte da sociedade, e, para afetar o todo, a parte deve se transformar. Para se chegar a essa mudança essencial e benéfica, a dominação e o desejo de poder, em suas muitas formas – nacionalidade, superioridade racial, competitividade, crescimento individual etc. –, devem ser estudados e observados com tolerância compassiva. Você deve ter consciência disso primeiro em si, não no outro, porque não pode mudar o outro, mas pode transformar a si mesmo. Estando cônscio, você começa a descobrir as muitas formas de dominação e poder. Cada vez que tiver percepção da expressão, da dominação e do poder delas, reflita sobre isso; pondere o assunto com a maior amplitude possível. Esse processo de pensar e sentir propicia uma intensidade cada vez maior de consciência, e, por meio dessa percepção, descobrem-se e dissolvem-se muitos bloqueios e obstáculos, e se dá a libertação.

Se simplesmente tentar se livrar do preconceito ou de outra barreira, nesse mesmo processo você estará desenvolvendo outro obstáculo, e, por esse caminho não há libertação da ignorância e da dor. A libertação está na correta consciência e no correto pensar. O correto pensar nasce da autoconsciência, do autoconhecimento. Com uma compreensão cada vez mais profunda, o incomensurável se realiza.

Capítulo 31

A correta subsistência

S. veio de longe após muitas noites de viagem. Era engenheiro elétrico, trabalhava em uma fábrica de aviões. Veio especialmente para falar da vida religiosa e de como era difícil para ele a vida familiar, das agressivas distrações de sua família, da dificuldade de educar bem os filhos, sem inculcar neles a barbárie, a crueldade e o lixo absurdo das rádios e dos filmes.

Falamos desses assuntos com certa amplitude e afirmei que ele deve começar por si mesmo, porque esse é, com toda certeza, o único solo que poderia ser cultivado e transformado, e essa consideração não se tratava de egocentrismo, e sim da única base possível sobre a qual constrói-se o alicerce adequado. Entramos nesse tema, e então chegamos ao problema do correto modo de viver.

Quando começamos a discutir os meios corretos de ganhar dinheiro ele ficou profundamente perturbado, embora fizesse o possível para disfarçar. Pouco a pouco consegui sua cooperação, e ele se interessou, sem salvaguardas. Eu disse que havia ocupações que eram obviamente prejudiciais aos nossos semelhantes: a morte sob qualquer forma, a fabricação dos meios para matar e outras formas óbvias de crueldade e opressão. A tradição, a cobiça e o desejo de poder determinam os meios de subsistência, e proibir certas ocupações por não serem éticas é criar mais confusão. Mas, se entendermos a implicação, o custo da tradição, da cobiça e do poder, e, portanto, libertarmos deles nosso pensa-sentir, nos contentaremos com pouco; nossas necessidades não corresponderão à nossa ganância, às nossas pretensões. Ao libertar o pensamento-sentimento da tradição, da ganância, da sede de poder, encontraremos a correta ocupação. Sem compreender e transformar as implicações mais profundas de nossos problemas, perseguir o problema como se não estivesse relacionado com nada mais é criar mais sofrimento e confusão. A correta ocupação é um subproduto, e não um fim em si. Buscando o mais alto, descobriremos que nossa vida ativa corresponde à nossa realização interior. Por meio do exterior podemos encontrar o interior, mas é o interior que dá forma ao exterior, e fixar o exterior em um padrão definido, sem considerar o interior, é criar confusão, conflito e antagonismo.

Capítulo 32

Decisão ou compreensão?

I. S. disse que era um homem de negócios com experiência considerável. Durante muitos anos havia visto o lado sórdido e difícil da vida, e agora queria levar uma vida espiritual; e por isso, disse, queria renunciar à sua vida sexual. Estava decidindo deixá-la. Disse que facilmente poderia deixá-la se decidisse, porque tinha vontade suficiente para isso.

Depois de algumas conversas, que disse que, em tais assuntos, o mero uso da vontade, embora possa produzir o resultado desejado, é como uma cirurgia que pode causar efeitos desastrosos. Será que sua decisão não se baseia em algum motivo pessoal relacionado a ganhar, a tornar-se algo, a atingir um certo fim? Nesse caso, então, o poder que o sexo propicia se direcionará a fins mais limitantes, e assim, ele permanecerá no campo dos sentidos. Portanto, não se trata de uma decisão cirúrgica, e sim de um entendimento profundo. Se for uma decisão mental ou emocional, então tal decisão banirá o amor. Mas, quando se entende o problema e suas muitas implicações, o amor se torna maior, e não um brinquedo do intelecto.

Quando o poder, em qualquer forma, é usado para fins pessoais – políticos, religiosos, econômicos ou sexuais –, inevitavelmente provoca terríveis desastres ao indivíduo e à massa. Quando buscamos nos esquecer de nós mesmos por meio do apetite sexual, esse apetite – como todos os apetites – se torna muito mais importante, com seus muitos problemas, que a causa em si. Por meio do apetite, seja nobre ou ignóbil, o conflito e a dor do eu não são transcendidos.

O eu deve ser entendido pelo autoconhecimento. A dor que o eu traz consigo não deve ser negada, esquecida ou substituída. Deve ser compreendida. Para que seja possível compreender as complexas sutilezas do ser, deve haver uma observação benevolente e desapegada. Com a autoconsciência expõem-se as raízes do campo sensorial, da animosidade, da ignorância etc., enterradas no consciente e no inconsciente. Investigar profundamente é da maior importância, pois nos meios, em sua origem, está o fim. Não deve haver decisões, conclusões, julgamentos violentos, e sim uma compreensão cada vez mais ampla, cuja suavidade dissolve os conflitos, as confusões, as dores do eu. Porque o autoconhecimento traz consigo um correto pensar, e o autoconhecimento vem de uma autopercepção constante.

Capítulo 33

Transformando tudo em benefício próprio

L. M. explicou que estava sempre ansiando, querendo ser amada, direcionando cada conversa, cada encontro para seu benefício. Antes de cada evento ela já estava tirando benefícios e vantagens para si. Vivia ocupada com esses pensamentos, com pretensões. Fazia esse jogo havia muitos anos e estava farta dele. Queria ser séria, mas descobriu que sua mente estava sempre calculando, fingindo, sempre ávida. Como libertar o pensamento dessa vaidade?

Por que buscamos o poder, por que acumulamos dinheiro, posições, títulos, amores? Por que carregamos tantas pretensões? Não seria para satisfazer um desejo imperioso? Ansiando por ser alguém, por não ser excluído, por obter algo, ou pelo deleite da dura batalha. Se essas pretensões, títulos, posições e riqueza forem retirados, o que resta? Nada. Um imenso vazio, aridez.

Encher esse vazio, essa dolorosa solidão, torna-se nossa demanda constante. Tentamos encher esse poço com riquezas, com sexualidade, com agressividade, com pretensões, com artes, com atividades, com política, com conhecimento, com todos os meios mundanos possíveis. Aqueles que não se tornam completamente estúpidos com esse esforço em vão se voltam para a vida espiritual, para Deus. Buscam a vida espiritual. Deus se torna o meio de encher esse poço sem fundo. De modo que Deus torna-se outro meio para fugir da dor e do medo dessa pobreza interior. Fugas, por mais nobres que sejam, conduzem à confusão, à dor, à estupidez.

É possível preencher esse vazio? Você tentou de várias maneiras, mas conseguiu preenchê-lo? Pode ser que o cubra momentaneamente, ou que pense que o preencheu, mas logo se dá conta de sua dor. Felizmente, você não é um desses que se enganam; certos de que encontraram o preenchimento correto ou que seus métodos de se preencher trarão a plenitude.

Agora você quer encher esse vazio com Deus. Poderá preenchê-lo com formulações intelectuais? Depois de ter tentado vários sistemas de treinamento espiritual, diversos dogmas, credos e crenças, diferentes ensinamentos, conseguirá preencher esse vazio?

Você não dá uma resposta verdadeira porque a mente pensa que não é tão pobre, que tem certas capacidades, que não tentou as muitas maneiras de preencher esse vazio, e que, portanto, talvez encontre uma.

Pois bem: esse poço pode ser preenchido? Não seria um poço sem fundo, e todas as tentativas de preenchê-lo, completamente vãs? Não seria da natureza do desejo que, quanto mais satisfeito esteja, maior seja a sua demanda? Inteligência é o ajuste rápido a esse fato, e estupidez é a incapacidade de se ajustar. Porém a mente se nega a perceber o inevitável, a enfrentar a verdade. Mas na descoberta da verdade jaz a libertação criativa desse desejo incessante.

As soluções, as respostas do intelecto não enriquecerão essa imensa pobreza. Nada a enriquecerá, nada encherá esse poço sem fundo, esse solitário vazio. A percepção de sua causa traz a compreensão, a liberdade. Com essa compreensão, com esse novo instrumento, começa-se a dissolver o hábito acumulado de se apegar, de tirar proveito de tudo, das pretensões etc. Sem essa compreensão, hábitos de pensar-sentir dão lugar a outros de mesma natureza. Todos os hábitos impedem essa liberdade criadora.

Capítulo 34

Oração, um tema complexo

N. me perguntou de forma bastante agressiva por que eu não me preocupava com a oração, mas só com a meditação. Ele era peculiarmente assertivo, insistindo que a oração, em especial a cristã, era o caminho da salvação, porque só havia um salvador.

Penetrar nessa agressividade foi difícil e exigiu certo tempo, mas lentamente ele começou a sensibilizar e pudemos conversar sem afirmações estúpidas. Por trás dessa postura assertiva ele era inteligente o suficiente para ter o desejo de descobrir. N. não havia sido completamente absorvido por seu estreito condicionamento.

Ele disse que orava havia alguns anos, mas que não pertencia a nenhuma religião organizada nem era de frequentar a igreja. Havia obtido certos benefícios com a oração, mas estava insatisfeito e, à medida que a idade avançava, sentia que devia avançar mais profundamente na oração.

Como todos os profundos problemas humanos, a oração é um assunto complexo e precisa de cuidado, investigação criteriosa e paciência para evitar conclusões e decisões definitivas. Sem compreender a si mesmo, quem ora pode ser levado à ilusão pela oração. Quando a pessoa se permite a oração de súplica, obtém sua recompensa; o que pede com frequência é concedido, o que só fortalece esse tipo de oração. Mas existe a oração que não visa coisas nem pessoas, mas compreender, para vivenciar a realidade, Deus, que com frequência também é atendida. Há outras formas mais sutis, mais tortuosas de pedir orando, que entretanto continuam sendo demandas e súplicas, invocações e oferendas, diretas ou indiretas. Todas essas orações têm sua própria recompensa, trazem suas próprias experiências, mas será que esses métodos trazem a percepção da realidade última? Vamos investigar esse tipo de oração.

É comum ouvir pessoas dizerem, e várias me disseram, que haviam orado por coisas mundanas a quem chamavam de Deus, e que suas orações haviam sido atendidas. Que obteriam o que pedissem se tivessem fé naquele que chamam de Deus; que as orações que pediam saúde, consolo e posses materiais eram frequentemente atendidas, dependendo da intensidade da prece.

Será que não somos o resultado do passado e não temos relação com os enormes reservatórios de cobiça, ódio etc., e seus opostos? Quando rogamos ou fazemos uma oração de súplica, não estamos apelando a esse reservatório, a essa ganância acumulada que traz sua recompensa, mas tem seu preço? E quando oramos para compreender, para vivenciar a realidade, Deus, não apelamos à tradição secular, que carrega sua própria experiência, será que isso é o real? Essa súplica a outro, a algo de fora, propicia o entendimento da verdade? Não seria uma abordagem "equivocada"? Por meios equivocados obtêm-se resultados, experiências; mas são de fato experiências do real?

Devemos entender, desde o princípio, esse duplo processo que opera em nós: aquele que ora e aquele a quem se ora. Para entender esse dualismo temos que compreender a nós mesmos, nossa mente e nosso sentimento. Sem compreender isso, sem autoconhecimento, a oração e seus resultados podem se tornar um obstáculo, levar à ilusão. Por que criar ilusão, da qual é extremamente difícil nos desembaraçarmos? Não seria mais sábio compreender o pensador e seus pensamentos e sentimentos que cultivar esse dualismo, que conduz ao conflito, à confusão, ao sofrimento?

Para compreender, então, deve haver autopercepção, porque nela há autoconhecimento. Não há autoconhecimento sem meditação, e a meditação não é possível sem autoconhecimento. O autoconhecimento vem da vigilância atenta de todos os nossos pensamentos e sentimentos; essa atenção fica embotada quando há identificação. Ao notar que nos identificamos e, assim, impedimos a compreensão, devemos perceber a necessidade de um desapego compassivo e tolerante, de suspender o julgamento. Devemos observar os conflitos de nossos pensamentos e sentimentos, suas contradições, seus desejos, suas buscas ocultas. Se fizermos isso com seriedade e alertas o dia todo, descobriremos que necessitamos – naturalmente, sem nenhuma imposição – de períodos de intensa autopercepção, auto-observação. Desse autoconhecimento vem o correto pensar.

Meditar é libertar o pensamento e o sentimento para descobrir, porque o que se descobre, sendo verdade, é libertador e criador. Quando se abandona o anseio em suas muitas formas, desaparece o dualismo – o "eu" e o "não eu", aquele que ora e aquele a quem se ora. E então, experimentamos o verdadeiro ser. Nossa felicidade reside nessa descoberta, e não nas ilusões de ansiar, por mais nobres que sejam esses desejos.

Capítulo 35

Chorando pelos vivos ou pelos mortos?

M. N. chegou em um estado emocional intenso, mas logo se acalmou e disse que lamentava estar nesse estado, porque seu filho havia morrido recentemente na guerra. Ela explicou que acreditava na reencarnação e que havia participado de várias sessões espíritas, nas quais o filho se manifestara por meio de mensagem; e que também havia "flertado" com a psicografia. Ainda assim, estava desesperada, disse. Não haveria uma maneira de sair desse sofrimento caótico? Existiria a imortalidade?

Trata-se de uma questão muito complexa que deve ser analisada com cuidado e sabedoria; não é questão de acreditar ou não, e sim de descobrir. Portanto, vamos descobrir sua realidade.

Isso pode parecer rude, mas ela está aflita pelo filho ou por si? Chora pelo vivo ou pelo morto? Se for pelo morto, devemos perguntar quem está morto, como ganhou vida, o que há aqui para ele. Se for por si – o que é autocompaixão, sensação de uma solidão devastadora, apego ao outro como esperança, como realização, como continuidade de si [illegible], tudo isso deve ser pesquisado e compreendido. Pois são essas coisas que impedem a clareza da compreensão, do discernimento. Criam escuridão, e quando esses véus são afastados, há clareza. Não estaria ela mais preocupada consigo, com seu remorso, suas ambições, seus desejos?

Ela estava aberta o suficiente para reconhecer tudo isso.

São esses pensamentos e sentimentos autolimitantes que impedem uma compreensão mais ampla e profunda. De modo que ela deve tomar consciência deles, porque no autoconhecimento está a verdadeira descoberta. Essa é sua primeira tarefa, a mais essencial, pois compreendendo a si mesma ela compreenderá o que é imortalidade.

Quem está morto? Seu filho e o filho de mil mães e pais. Ele era único porque era seu filho e porque tinha certas qualidades, certas tendências. Externamente era único, e internamente, um ou mais traços psicológicos dominavam sobre os outros. Reunia entidades separadas, todas formando seu filho.

Essas entidades estão sempre em fluxo; uma ou outra vem à superfície. Existe algo perdurável, uma essência espiritual que continua por trás e além dessa mudança constante? Afirmar que sim é tão insensato quanto afirmar que não; a pessoa precisa descobrir. Mas, quando nos apegamos a essas entidades diferentes e variáveis como meu filho, minha mãe, meu amor, essa mesma inconstância impede a descoberta e a compreensão daquilo que é. O nome, a forma, as associações são – e não são – seu filho e, quando você indagar profundamente quem era seu filho – e ultrapassar essas coisas variáveis e mortas –, descobrirá aquilo que é. Mas formular aquilo que é, ou acreditar naquilo que é, ou aceitar dos outros aquilo que é, é insensato; pois tal aceitação, tal crença, tal formulação e especulação entorpecem a compreensão do real. Para compreender o incomensurável, a mente deve parar de medir.

O passado e o presente criam o você e o eu. Somos resultado do passado, nosso ser se fundamenta no passado; o passado está relacionado à nós. Quando esse passado entra em contato com o presente, ocorre a manifestação da individualidade. O pai e a mãe são o presente dando à luz o passado, que se transforma em filho. Os dois elementos devem existir para produzir o terceiro, e sem o presente não há passado nem futuro. A consciência é o passado mais o presente, e a investigação dessa consciência se dá pela porta do presente. No presente é que o passado obscuro e o futuro fugidio devem ser estudados e compreendidos. O presente é de extrema importância, porque é o caminho para o eterno. A religião do futuro é ilusão, e a adoração do passado impossibilita o eterno agora.

Há a continuidade do passado em cada nascimento buscado no presente, e esse nascimento é a tão repetida encarnação. O passado e o presente trazem em si causas-efeitos que governam a existência, exterior e interior, o sensorial e o psicológico. Se essas causas-efeitos, com suas restrições e liberdades, não forem compreendidas e transcendidas, haverá continuidade da atividade do passado, que busca sempre, com o presente, gerar a existência com a qual há identificação como meu filho, meu marido. O passado está tão vivo quanto o presente.

Esperamos e acreditamos que com essa continuidade do "eu" e do "meu" ao longo de uma série de nascimentos e mortes, ao longo do tempo, alcançamos a perfeição, o supremo se realiza. Acreditamos que cada nascimento, cada período de tempo é uma oportunidade para ser mais perfeito, mais virtuoso, mais sábio. Esperamos e acreditamos que ao longo dessa evolução horizontal, ao longo da continuidade no tempo, o atemporal se realiza. O pensamento-sentimento criados no tempo realiza o atemporal? A identificação, o cultivo da infindável memória, amarra o tempo – como pode se dar a realização do atemporal se o pensamento é escravo do tempo? No plano horizontal todo pensamento-sentimento, toda existência é do tempo, e é só quando esse processo é abandonado que há a realização do eterno. Sem esse abandono há sofrimento e toda existência é dor.

Porque buscamos segurança, uma ancoragem, um refúgio, existe insegurança – a insegurança criada pelo medo. Mas, se entendermos a natureza da existência, a qual não possui segurança e é dolorosa, essa mesma insegurança trará a sabedoria mais elevada. Não haverá nenhum apego – que é uma forma de segurança que protege por meio de seus medos, frustrações e misérias –, e sim um constante florescimento da compreensão.

Abandonar a atividade do plano horizontal é muito difícil e extenuante. Sem o autoconhecimento não há abandono, e o autoconhecimento vem da autopercepção de cada pensamento-sentimento. Quando se pensa e sente cada pensamento-sentimento responsivo, surge o autoconhecimento, e dele surge o correto pensar – correto pensar em relação à ocupação, ao relacionamento, à imortalidade. Por meio da autopercepção vigilante e constante existe o autoconhecimento. Sem autoconhecimento, o amor segue o caminho do sofrimento. Sem o autoconhecimento, aquilo que é imortal não se realiza.

Capítulo 36

A não espiritualidade de um círculo fechado

S. I. veio explicar que sentia certa falta de cordialidade, certa reserva, falta de resposta de minha parte.

Isso foi dito de forma indireta, e foram necessárias muitas preliminares para trazer à tona suas queixas ocultas. Depois de cavar lenta e pacientemente durante várias horas, as seguintes declarações vieram à luz: que devemos ser leais quando as pessoas trabalham juntas; que deve haver incentivo e amizade entre os colaboradores, que eu não devia manter um círculo fechado à minha volta, não estimular o poder no círculo etc.

Eu expliquei que não havia uma roda fechada, e que essa ideia era pouco ética e nada espiritual, e que aqueles que pensavam que existia um círculo monopolizador só queriam entrar nele, sentindo-se excluídos. Nessas pessoas é que existia esse espírito excludente e de posse.

Ela negou isso, apontando que onde havia fumaça havia fogo, e que eu ignorava minha atitude excludente.

Eu apontei que nos diversos países em que havia estado, com pessoas diferentes, que essas mesmas pessoas haviam se tornado um círculo fechado, um grupo, para aqueles que se sentiam de fora, que queriam "pertencer". Expliquei que esse espírito excludente era absolutamente prejudicial para a compreensão do todo e que eu não estava desatento a isso; essa era uma das razões pelas quais não pertencia a nenhum grupo religioso organizado e porque havia abandonado tal corpo restrito.

Ela insistiu mais uma vez que eu não tinha consciência desse espírito excludente e separatista que havia em mim e que incentivava o círculo, o grupo. Agradeci por ter me apontado isso, que era algo que eu havia pensado e examinado durante muitos anos, pois deve-se sempre estar atento para que o amor não seja seletivo.

Minutos depois, ela voltou ao ataque de forma indireta. Não seria necessário diferenciar os colegas de trabalho, gente que havia colaborado num mesmo projeto? Porque essa distinção fortaleceria o trabalho de divulgação.

Senti que esse era o cerne da questão. De modo que eu disse que a realidade pertence a todos, como a terra e o céu, e felizmente ninguém pode monopolizá-la; que o sentido de possuí-la demonstra a ausência dela; que ninguém pode salvar o outro, livra-lo do sofrimento; que cada um deve descobrir essa sabedoria suprema; que ninguém pode convidar ou excluir o outro de ser participante nisso; que não existe guru ou mestre que possa revelar sua beleza, sua imensidão. Buscar aceitação por meio da compreensão do outro é aceitar a autoridade em assuntos nos quais o espírito de autoridade e seu incentivo são a negação total da compreensão do real. Aquele que busca a verdade deve compreender e evitar a autoridade. Para realizar o supremo, o absoluto, deve haver humildade, e a humildade não é consistente com o desejo de ser aceito. Na realização daquilo que é, não há nem o pequeno nem o grande, nem o inteligente nem o estúpido; porque existem ao mesmo tempo o pequeno e o grande.

Capítulo 37

As páginas do autoconhecimento

Um soldado esteve aqui várias vezes. Quando chegou pela primeira vez estava muito confuso e perturbado; não sabia por que estava no exército, e queria sair. Não sabia bem se era um opositor consciente devido a alguma ortodoxia religiosa, se sentia profunda e instintivamente que matar era errado ou se tinha medo de tudo aquilo. Disse que não tinha exatamente medo de morrer, mas que nessa condição dolorosamente confusa, não tinha certeza de nada, menos ainda do que pensava e sentia. Havia consultado um bom psiquiatra, que depois de uma ou duas sessões, mais ou menos afirmara que ele, o soldado, queria salvar a própria pele saindo de cena. O soldado não ficou nem um pouco satisfeito com essa explicação, que julgara muito superficial e arbitrária. Não achava que estava só preocupado em salvar a própria vida, mas que havia outras coisas de que tinha vaga consciência, que lhe causava incerteza e confusão. Ele queria se apresentar a seu comandante e declarar que não era apto e assim por diante.

Antes de dar qualquer passo ou antes de se identificar com qualquer estado de ânimo, tendência ou convicção, não seria necessário compreender a si mesmo e à confusão em que se encontrava? Compreendendo a si mesmo e a seu próprio estado contraditório ele encontrará o curso correto da ação, independente das diversas respostas ou dos ditames da família, da sociedade ou da autoridade religiosa. Para descobrir esse curso da ação não seria necessário observar-se, chegar a se conhecer? Sem o conhecimento de si, ele sempre estará à mercê dos outros, em um estado de contradição interior, confusão e sofrimento.

O autoconhecimento não é fácil; requer persistência, observação compassiva e desapegada, uma sensibilidade sutil. É um livro de muitas, muitas páginas. Cada página deve ser lida com cuidado e compreensão; não se pode pular uma página, visto que cada uma dá uma pista para se chegar à descoberta e à experiência. Quanto mais se lê nas entrelinhas, mais nítida e clara fica a capacidade de percepção. A própria vontade, a ganância insaciável de chegar ao fim, impede a compreensão de cada página e capítulo. Também não pode haver teorias e formulações relativas ao fim. Do mesmo modo se você der uma máquina complexa e delicada a uma criança, ela logo será destruída. Mesmo sendo capaz de ler as descrições do final, você não as entenderá; é preciso experienciar e para vivenciar isso deve haver autocompreensão – a compreensão de muitas páginas.

A autocompreensão começa com o presente, com os dados que você tem. Ao analisar esses dados você desvelará o passado e a natureza do tempo, sua qualidade de vínculo. Por meio dessa percepção se cultiva o correto pensar; o correto pensar em relação ao mundo sensorial, à vida material, à agressividade, aos meios de sustento, ao poder e à própria permanência. Pela percepção do correto pensar a mente se liberta do peso da identificação devido à memória, o que gera uma profunda serenidade e sabedoria. Nesse silêncio se realiza o atemporal.

Capítulo 38

As demandas do subconsciente

L. veio explicar um sonho que teve. Foi um sonho no qual eu aparecia a ela e lhe ensinava algo. Disse que ficou feliz com isso, e me perguntou, hesitante, se eu o recordava, se era verdade e qual era o seu significado.

É realmente importante, eu disse, descobrirmos nós mesmos o verdadeiro significado de qualquer evento, experiência ou sonho. Confiar ao outro a interpretação não só faz com que a experiência ou outros eventos assumam diferentes formas, mas também que a mente fique embotada e confusa. Para entender uma experiência é necessário certa análise desapegada e flexível, e isso é muito mais importante que a ânsia de compreender um evento ou um sonho.

Cada um tem tantas respostas e ações, experiências, impressões e estímulos que é preciso discernir os que são válidos e deixar os outros de lado. Pois bem, esse sonho tem algum valor?

Aparentemente, para você, sim. Vejamos se tem algum significado. Seu desejo de entender pode ter produzido o sonho. Talvez suas demandas subconscientes tenham criado o sonho. Ele pode ser o resultado de um impulso individualista, separatista. Poderia ter nascido de uma vaidade oculta etc. Essas são as coisas que importam, e não o formato e o símbolo, e perder-se neles é inútil e nada edificante. Com atenção constante, por meio da vigilância, você terá que descobrir a causa de seu sonho; e o significado, importante ou trivial, que você lhe der dependerá da clareza de seu pensamento-sentimento.

Capítulo 39

Crença nos mestres

M. R. disse que acreditava ardorosamente nos mestres, nos gurus que existem além de nossa percepção física imediata. Que são nossos irmãos maiores, mais evoluídos que nós e muito dignos de serem seguidos. Que tinham um plano para a humanidade e nos mostravam os meios, a técnica para sua realização. Por que eu me opunha a eles? Não estava reagindo violentamente à minha criação anterior, e não acabaria me juntando ao grupo que agia como seus representantes e a seus colaboradores externos?

Lidar com a ignorância é o mais difícil, uma vez que com frequência ela se veste de bondade. Devemos aceitar a bondade com entusiasmo, mas a ignorância acaba por destruí-la. Dissipar a ilusão é muito mais importante que qualquer crença, que aceitar qualquer plano, qualquer técnica. É insidioso e extremamente sutil, e, se não compreendermos primeiro as causas e os aspectos, todo pensamento-sentimento se transforma em um joguete da ilusão. Como você pode discernir o que é verdade se há ignorância? Como pode discernir a verdade de uma falsidade, ou a falsidade em uma verdade, se a mente está distorcida pela ilusão? Ver a verdade como verdade, e a falsidade como falsidade, exige libertar-se da ignorância, da estupidez. Esse é o presente mais grandioso.

O preconceito, a credulidade, a confiança em uma opinião, a animosidade, o medo, a ganância, os valores sensoriais e os desejos geram ignorância e ilusão. E o pensamento deve se preocupar em transcender as causas da ignorância. Sendo isso de importância primordial, podemos considerar como apenas secundária a questão dos mestres.

Como é extremamente difícil encontrar um mestre, um guru, neste mundo físico! Já procurou um? Se procurou, com os olhos bem abertos e de forma inteligente, deve saber como é árdua a tarefa. Sua escolha depende de seu condicionamento e suas reações, de seu estado de ânimo, de suas esperanças e opiniões, e uma escolha baseada no preconceito só pode conduzir à confusão. Sabendo como é difícil encontrar um mestre, que é meramente uma placa de sinalização do real, é possível confiar e aceitar um a quem não se vê com seus olhos físicos, a quem se reconhece por testemunhos indiretos? Se você tem a maior dificuldade para encontrar um mestre aqui neste plano, como pode ter tanta certeza de um que foi criado ou descoberto por outro? Isso não é superstição? Não é a aceitação de autoridade, de um ou de muitos, com suas opiniões, sua ignorância, sua estupidez?

Seguir o outro na ignorância não conduz à compreensão do real, e a ignorância não é vencida na aceitação do outro, por maior que ele seja. A ignorância é causada por você mesmo, e só você pode destruí-la. Essa esperança de que outro possa levá-lo à realidade, à felicidade, é resultado da negligência. Você não se torna ponderado ao aceitar a autoridade de outro. O outro pode indicar o caminho, mas você tem que discernir, você deve caminhar. Ninguém além de você pode salvá-lo.

O que ele quer dizer quando afirma que são mais evoluídos? A realização da verdade é uma questão de tempo e crescimento, ou deve ser vivenciada quando o pensamento-sentimento está liberto do tempo e do crescimento? Essa liberdade se encontraria ao longo do curso do tempo? Não é outra forma de ignorância pensar que o tempo proporcionará a compreensão? Aplicação intensa provoca compreensão, e é um modo indolente pensar isso em termos de tempo e crescimento. Além do mais, o que é que evolui? (A ganância, por mais que evolua, permanecerá, talvez mais refinada, mais sutil, sob um nome diferente.) Não haveria uma mudança contínua, um constante devir e morrer, e uma identificação que dê continuidade ao "eu sou"? Esse "eu sou" é diferente do de ontem, e o pensamento se apega ao "eu sou" por medo do desconhecido, da insegurança. Será que o pensamento mais elevado não nasce da insegurança, da falta de identificação? Existe uma entidade permanente? Ou só existe aquilo que é real, imortal, que há de se realizar só quando todo o apego acabar? Esse desejo de ser gera ignorância e tristeza, e o tempo não libertará o pensamento do sofrimento. O sofrimento deve ser transcendido pela compreensão de sua causa no presente, e um adiamento, mesmo sob um nome decoroso, não trará felicidade. A luxúria, a vida material e o apego à permanência individual trazem dor e devem ser transcendidos pela percepção e o correto pensar.

Você acha que um plano, um esquema dito extraordinário, pode libertar o homem de suas amarras, fazendo-o feliz? Será que ele não deve se esforçar para se libertar de suas limitações e obstáculos? Ele criou seu sofrimento, e só ele pode transcender sua criação. O meio, a técnica para realizar o eterno é compreender e dominar a si mesmo. A autocompreensão cultiva o correto pensar, e esse conhecimento não deve vir da adoração ao outro, da autoridade de outro ou de qualquer ritual ou oração; nem está em nenhum livro ou em uma igreja. Deve ser descoberto e cultivado pela autopercepção de seus pensamentos-sentimentos. É um "caminho" extenuante de se trilhar, e embora haja muitas placas de sinalização, cada um deve discernir, com elevada inteligência e vigilância.

É fantasia particular de cada grupo considerar-se o mais favorecido, e por esse método eles atraem os que buscam favores e adulam a si mesmos. É um truque de propagandista, indigno daqueles que buscam a verdade. Porque a verdade não pertence a nenhum grupo, a nenhuma organização, a nenhum indivíduo; quanto maior e mais poderosa for a organização, religiosa ou não, mais longe estará da realidade, e o mesmo acontece com o grupo e com o indivíduo. A humildade, que vem com sinceridade, com essa libertação da pretensão, é essencial para descobrir a solução derradeira de todos os nossos problemas.

Você não acha que se perder em santuários, adornar e colecionar profecias é uma perda de tempo e indigno daquele que busca a verdade? Os mediadores profissionais, as externalidades enfeitadas e a repetição de rituais são coisas vãs para quem busca o eterno. A seriedade, que é tão rara, dissipa-se na ignorância, e a mente-coração se torna obtusa. A sensibilidade e a flexibilidade da mente-coração se perde quando não se compreende os caminhos da ilusão. A estupidez rompe a sofisticada plasticidade da mente-coração e a torna uma vítima da ilusão. Direcione essa seriedade para dissipar a ignorância, compreender e transcender a agressividade e os valores do campo dos sentidos. Você parece sincero; utilizemos isso no sentido correto, o que nos revelará o final correto.

Capítulo 40

A solidão com seus medos aterrorizantes

A. L. explicou que estava sendo perseguida por um homem, por quem tinha simpatia, mas pelo qual não estava apaixonada. Ela queria ser divertida e amigável, mas ele levara tudo a sério e se tornara um grande problema.

Durante nossa conversa descobrimos muitas coisas. Descobrimos que não era ele, e sim ela mesma, a causa.

Quando estamos sós queremos fugir da solidão e de seus medos apavorantes, depender de outro, locupletarmo-nos com companheirismo etc. Somos a força motora e os outros os peões em nosso jogo. Quando o peão se volta e pede algo em troca, ficamos chocados e aflitos. Quando nossa fortaleza é resistente, sem um ponto fraco, os golpes do exterior têm pouca importância. A velhice e as tendências peculiares que surgem com ela devem ser compreendidas e "corrigidas" enquanto formos capazes de auto-observação e investigação desapegados e compassivos. Esses medos devem ser observados e compreendidos agora, e nossa energia deve ser dirigida não só contra as pressões e demandas externas, pelas quais somos responsáveis, mas também para a compreensão de nós mesmos, de nossa solidão, nossos medos, nossas necessidades e fragilidades. A solidão não deve ser encoberta de maneira nenhuma; mesmo se a escondermos, ela continua ali, esperando para reaparecer. Não há como fugir, exceto entendendo sua causa e indo além e acima dela. Apegar-se, ansiar, acumular são vazios por natureza, e por menos que você se permita, o anseio, ele cresce como uma criança. O desejo é inesgotável porque é negativo em si, mesmo que as ações dele provenientes pareçam assertivas. Com essa assertividade nos enganam, e assim, o desejo cresce e se multiplica. Se, com a autopercepção, observarmos nosso próprio anseio, logo descobriremos seu vazio, e ao mesmo tempo também nascerá a rica quietude da compreensão. É essa compreensão que dissipa a solidão e o medo. Esse entendimento traz em si riqueza e alegria.

Relacionamentos são dolorosos, e viver sozinho exige uma grande inteligência. O relacionamento é um processo autorrevelador, que quase nunca é prazeroso, e por isso há conflito, não só consigo mesmo como também com o outro. Essa tensão é como um espelho no qual cada um se revela. A exposição é dolorosa, e aquele que é reflexivo não repudia nem acolhe, mas analisa as causas do atrito e da dor. Os insensatos tentam fugir de um relacionamento satisfatório que produz revelação.

Não existe essa coisa de viver sozinho, porque viver é relacionamento; mas viver sozinho sem um relacionamento direto exige uma percepção maior e mais rápida para a autodescoberta. Uma existência solitária, sem essa percepção aguda e fluida, fortalece as tendências já dominantes, causando desequilíbrio, distorção. É isso que a pessoa teme: os hábitos peculiares estabelecidos a partir de pensamentos-sentimentos que vêm com a idade. É agora a hora de tomar consciência deles e, compreendendo-os, livrar-se deles. Somente os valores interiores trazem paz e alegria.

Capítulo 41

Nacionalismo, um veneno

R. J. disse que estava na política para libertar seu país da opressão terrível e assassina. Embora tivesse uma inclinação religiosa e houvesse estudado teologia, renunciara a tudo pois as necessidades de seu país eram maiores. Ele não era um mero político; trabalhava na área da educação. Não tinha tempo para meditação, disse, pois trabalhava dia e noite pela libertação de seu país. Não seria importante primeiro mudar o ambiente, a condição, para ajudar o homem a encontrar o seu interior? E essa era a razão pela qual todo o Estado se comprometera com a melhoria das condições.

Será que com o enriquecimento, com a difusão dos valores relativos aos sentidos, haverá riqueza interior plena de paz e alegria? A multiplicação dos bens trará uma felicidade criadora? As posses mundanas libertariam o pensamento-sentimento de suas amarras e de sua dor? Dando ênfase ao material, não criaremos desastres, brutalidade, terrível miséria, como está acontecendo agora?

O exterior nunca conquista o interior; pode modificá-lo, mas é o interior – ganância, paixão, ânsia de poder – que vence o exterior. Ao libertar o pensamento-sentimento do campo dos sentidos, da vida material, da fama pessoal e da imortalidade do ego encontra-se uma riqueza interior, uma felicidade indestrutível, uma imortalidade que não é a continuidade do indivíduo. É essa riqueza imperecível que trará ordem e clareza ao mundo. Não significa que não devemos mudar fundamentalmente as condições do homem, mas isso não é um fim em si mesmo. A mudança do ambiente, a mudança das terríveis condições, não gerará necessariamente essa riqueza interior na qual só existe êxtase criador; mas, ao cultivarmos a libertação interior da luxúria, da animosidade, da ignorância, haverá uma mudança certa e fundamental na condição exterior. Quanto mais cedemos à ganância, mais ela cresce; e por mais que se troquem valores sensoriais por valores sensoriais mais elevados, a ação da ganância provocará conflito, confusão e sofrimento. Mas transcendendo a ambição – e assim, obtendo riqueza interior – não haverá necessidade de alívio psicológico por meio da competição, do antagonismo racial, do prestígio social e nacional, das guerras, das bobagens e distrações. Inteligência é a capacidade de dar ênfase ao que tem importância primordial. Nem só de pão vive o homem.

A política se preocupa com a reorganização dos valores fundados nos sentidos, e por isso, embora ajude a focar o pensamento, nunca trará ordem, clareza e felicidade para o homem. Como o pensamento está focado na direção errada, torna-se uma distração, com todos os seus absurdos e sua temerosa estupidez. Então, o comercialismo e o Estado assumem extrema importância, pois representam o poder, tanto do indivíduo quanto do grupo; e, para manter o poder, o Estado, a bandeira é adorada, e por isso o homem destrói o homem. Enquanto o poder e o valor baseado nos sentidos dominarem o pensamento, haverá povo contra povo, país contra país, ideologia contra ideologia.

Enquanto houver poder haverá opressão, haverá guerras, haverá caos. Enquanto a pessoa estiver trabalhando para seu próprio país, estará fomentando o ódio, a competição e as guerras futuras. Todo político, seja do partido que for, diz que trabalha pelo bem, pela glória de seu país, e nesse mesmo fato está a semente da confusão e da desgraça. O nacionalismo é autoengrandecer-se por meio do país, por meio da raça, por meio do grupo, e é um veneno destrutivo. Pessoas reflexivas o evitam como a uma doença. A adoração da parte impede a compreensão do todo; haverá opressão, crueldade e guerras enquanto a parte dominar o todo.

A meditação é a forma mais elevada de pensar-sentir, e, sem ela, como pode haver educação? Assim, a educação se torna secular e técnica, portanto, separatista e tirânica. Devido a essa pretensa educação o mundo atual se encontra nesse estado terrível. Não deveria o homem reflexivo, primeiro se libertando das causas que originam a ignorância, ajudar a educar aqueles que estão confusos e sofrendo? Do contrário, o indivíduo com conhecimento se torna uma ferramenta nas mãos do opressor.

Quanto maior for uma nação e seu poder, mais brutal e tirânica ela será; quanto maior for uma organização, religiosa ou de outro tipo, maior será seu poder para fazer o mal.

Existe uma possibilidade de nos transformarmos profundamente, mas será muito remota se nos preocuparmos com a mudança dos outros. Devemos começar por nós mesmos, não por nosso país, nem nossos vizinhos e instituições. O mundo é o que somos.

Capítulo 42

As áreas obscuras e as sensíveis

M. L. K. explicou que sentia que estava cada vez mais morto. Seus interesses diminuíam, os negócios e a política haviam se tornado cascas vazias, os prazeres desfaziam-se e a família se transformara em rotina. Ele estava cansado e abatido, farto de todas as instituições religiosas e seitas. Não era obrigado a ganhar a vida porque tinha algum recurso e sua família estava bem cuidada. Ele queria falar sobre esse assunto.

De modo que conversamos, e ele explicou mais sobre sua vida. No decorrer de nossa conversa, descobrimos que ele não estava completamente morto, que havia uma ou duas áreas não completamente obscurecidas. Intensificando-se essas áreas, a sensibilidade e o entusiasmo se estenderão por toda a superfície da mente. A mente é como uma placa sensível, e só é "útil" quando toda ela é sensível e responsiva. Como ele mesmo sabia, havia uma ou duas áreas que ainda podiam ganhar vida e, ao lhes dar maior intensidade, as partes obscurecidas começariam a se iluminar. Portanto, nosso problema não é como reviver o que está embaciado, e sim como aumentar a sensibilidade das áreas que não estão completamente mortas. Isso é importante. Atacar diretamente os espaços mortos da mente pode parecer um enfoque positivo, mas, na realidade, é um desperdício de energia, porque o obscuro deve ser abordado indiretamente, negativamente. Quanto mais se trabalha diretamente sobre o obscurecido, mais ele se torna confuso e denso. Quanto mais você tenta compreender o passado sem distorções, mais ele se torna desconcertante e perturbador; mas se você se aproximar dele pelo presente, dará passagem a seu significado. O enfoque negativo ou transversal gera compreensão.

Do mesmo modo, intensificando-se e aprofundando-se no que já é sensível, as demais áreas densificadas começam a ganhar vida. Portanto, nosso problema é como estimular e ampliar a área que não está obscura, conscientizando-nos dela e pensando-a, sentindo-a o mais ampla e profundamente possível. Ocorre um evento e lhe damos uma ou duas interpretações, e nos atemos a elas. Querendo passar por uma única porta de um jardim encantador, tornamo-nos cegos ao seu encanto e à sua beleza porque é nossa determinação entrar por essa porta em particular; pode haver outras, mas somos obstinados. Essa obstinação gera desânimo, que se expande e definha. Um evento tem muitas interpretações, e, quanto mais tentarmos descobri-las, maior será a expansão da mente.

A consciência dessa área do pensamento-sentimento ainda sensível, viva, essa própria percepção produz a atenção e responsividade. A persistência da percepção, antes e depois, é essencial; a atenção ocasional e intermitente não trará clareza e compreensão.

Capítulo 43

Como a mente se multiplica

S. R. disse que era extremamente difícil para ela combater as distrações. Essas distrações tornavam sua mente tão pequena, tão trivial, que ela queria se libertar delas. Parecia que as distrações eram muitas, e confusas, e, enquanto ela lutava contra elas, mais apareciam. S. R. não conseguia encontrar uma saída.

Será que ela estava analisando o problema corretamente? As distrações fazem com que a mente seja pequena e trivial? Ou a mente, sendo pequena e trivial, se distrai?

As distrações são o que a mente é. Quando a mente é fútil, pequena, de que adianta lutar contra suas distrações? Quanto mais você luta contra elas, mais a mente se multiplica, e assim, o problema se torna insolúvel. Um problema não pode ser resolvido em seu próprio plano.

A mente pequena, estreita, se distrai com futilidades; de modo que as distrações não são o problema, e sim como aprofundar e ampliar a mente. O mero conhecimento se torna um vício, outra forma de distração, talvez mais sutil; ler e adquirir informação também são distrações. Por esses métodos você pode expandir e aprofundar as camadas superficiais da mente, mas eles mesmos se transformarão em distrações, das quais a mente depende. A dependência e o apego são distrações. Estas podem ser nobres ou triviais, mas ajudam a afastar o pensamento do problema central – o eu, com seus sofrimentos, medos, conflitos, alegrias passageiras.

As ocupações que provocam alívio pouco a pouco embotam a mente, tornando-a pequena, estreita, obstinada. Os recursos externos para aguçar e aprofundar a mente ajudam, mas nunca chegam muito longe, uma vez que se tornam meios de dependência e apego. Só com a autoconsciência, e o revelador autoconhecimento que ela traz consigo, é que a mente pode escapar de suas próprias amarras e limitações. A autocompreensão alimenta o correto pensar.

O mesmo acontece com o apego. Lutar contra ele é inútil. Ele é meramente um sintoma – prazeroso só enquanto não se percebe seu peso real –, cuja causa jaz muito mais profundamente. Podemos vencer o apego em relação a outro porque nele houve dor, e é a dor que está nos "libertando", nos afastando desse apego em particular; mas logo um outro apego cresce.

A dor não dá compreensão; é apenas uma advertência. O apego surge de múltiplas causas: solidão, força e o poder que esta propicia, medo e aquilo que chamamos de amor. No amor pelo outro nós nos sentimos estranhamente fortalecidos, criativos, alegres, e o outro se torna necessário à nossa felicidade, e crescem a dependência e o apego. São essa dependência e apego, com seus medos, ciúmes, desconfianças e decepções, que em última instância destroem o amor. O amor em si perdeu seu sentido, e a ideia, a pessoa, tomou seu lugar.

Lutar contra o apego é não entender sua causa. Para entendê-la, primeiro pare de lutar contra ele; mantenha a tranquilidade, tome consciência do significado, da natureza interna e da implicação do apego. Deixe que essa percepção floresça e revele suas causas ocultas. A percepção não florescerá se a pessoa for desonesta e radical em seu pensamento-sentimento. Uma mera decisão termina com a descoberta dos conteúdos do subconsciente, que é o que liberta o pensamento da dependência, do apego.

Através da autopercepção, que traz a autocompreensão e o correto pensar, a mente-coração se aprofunda e se expande. Essa autopercepção, com sua autocompreensão e o correto pensar, flui em direção aos campos mais profundos e amplos da meditação.

Capítulo 44

Sobre o tabagismo – e o problema muito mais amplo

M. N. descreveu sua dificuldade de parar de fumar. Havia tentado várias maneiras de se livrar do hábito, mas não conseguira. Abandonara-o uma vez, depois de uma grande luta, mas voltara com ânsia ainda maior.

Qual é a causa de seu desejo de parar de fumar? Será que pensa que fumar não é espiritual, não é ético? Ou que isso não está afetando sua saúde? Ou trata-se do dinheiro que fumar implica? Se deseja renunciar por outra razão, não pelo hábito em si, a mera substituição tem suas dificuldades que convergem, e a substituição é um adiamento do problema principal. E, quando a atenção se afasta da substituição, o problema original volta à superfície. O desejo de substitutos é sutil, mas, quando a pessoa reconhece sua falácia e tem consciência disso, ele perde seus atrativos. E então pode lidar com o problema em si. O conflito que surge entre o desejo de abandonar e o hábito de fumar, e a energia gasta na luta, torna-se completamente inútil, pois além do problema em si, a pessoa tem agora mais um: o de parar. De modo que o pensamento se esgota nessa luta entre esses dois problemas, e o hábito de fumar continua.

Se você não condenar o hábito, mas analisar por que fuma, como se cria um hábito, estará lidando com um problema muito maior que o tabagismo: o hábito e a insensatez. Ao compreender o maior, o menor se esvai. A falta de bom senso gera o hábito, do qual a pessoa se torna escrava. Vejamos como cresce esse hábito de fumar. Quando garoto, ele experimenta, pois outros garotos fumam; é o que ele faz mesmo que adoeça. Atualmente, o corpo está acostumado ao veneno, fumar dá uma sensação prazerosa. Também cria uma ponte para aquele estado tímido e nervoso que existia antes da companhia que é estabelecida; ocupa as próprias mãos; todo mundo fuma, e a pessoa não quer ser uma chata. E há o apelo constante dos comerciais etc. Tudo isso indica falta de reflexão, e essa negligência gera hábitos, dos quais é difícil se livrar.

De modo que o problema é a insensatez com seus hábitos corrosivos. Quaando alguém toma consciência da insensatez em uma direção, logo se conscientizará dela em muitas outras direções. Já existe reflexão quando a pessoa toma consciência de que é insensata, e, com a autoconsciência constante, a reflexão se expande e se aprofunda. Nesse processo você verá que a demanda e a resposta automáticas do tabagismo diminuem e se desvanecem, porque sua atenção reflexiva está se tornando cada vez consciente, de forma mais e mais abrangente, e os hábitos definham na chama da percepção.

Portanto, um hábito não deve ser superado substituindo-o por outro. Todas as substituições tendem a fomentar a insensatez. Quanto mais você luta contra a insensatez, mais ela vence – como todo mal. Mas tornando-se atento a ela, observando seus modos e expressões, a intensidade da reflexão, da percepção que é despertada, e sua clareza dissipam a confusa escuridão.

Capítulo 45

A profissão de ator

T. Y., um jovem soldado, explicou que um amigo estivera aqui e que gostaria de falar sobre algo que era importante para ele. Disse que queria ajudar as pessoas de uma maneira verdadeira e que sentia que podia fazê-lo melhor por meio do teatro, visto que tinha talento para a atuação. Mas sua família se opunha.

Conversamos durante um tempo, e ele me falou de sua vida. Andava muito alerta, entusiasmado e preocupado. Disse que o mundo do espetáculo todo estava podre, e sentia que devia ajudar.

Para ajudar os outros a pessoa precisa compreender, e a compreensão deve começar por ela mesma. A autocompreensão deve ser o primeiro passo para ajudar os outros. Será que seu interesse não estava primordialmente em ajudar os outros? Será que não está interessado no teatro como profissão, mas sim como meio de satisfazer seus interesses? Portanto, atuar tinha importância secundária, e ele não devia estar completamente comprometido com isso; sendo soldado, não havia necessidade imediata de uma decisão.

Se T. Y. realmente queria "ajudar" as pessoas de uma maneira fundamental, seria o teatro o melhor meio para isso? As pessoas não vão ao teatro especialmente para se divertir, e não para ficar sérias? Para os poucos que são sérios, seria o teatro o melhor meio de atraí-los?

Todavia T. Y. explicou que não tinha nada a ver com religião organizada e que nem sequer gostaria de falar disso.

Além do mais, que efeito tinha a atuação sobre o ator? Quanto melhor fosse, maior não seria o perigo de que se tornasse mais egocêntrico, desempenhando sempre um papel na vida privada, o que certamente prejudicaria o autoconhecimento e a compreensão? Não exaltaria a ganância, a vaidade e a completa superficialidade? Em tais circunstâncias, como poderia haver verdadeira seriedade?

Antes de decidir, não seria melhor avaliar se não teria outra capacidade adormecida além de atuar, algo melhor para suas intenções? Se ele se decidisse pelo teatro, a descoberta de outra capacidade talvez não fosse possível, mas, se estivesse aberto e se indagasse profundamente, ele saberia. Nessa investigação profunda T. Y. encontraria outros fatores que no presente são vagamente ativos, mas que, ao serem examinados, poderiam alterar o curso de seus pensamentos atuais. O descontentamento que poderia ser canalizado e focado no teatro deve permitir se desenvolver, e a partir dele virá a plenitude, que é o que todo homem busca.

Capítulo 46

Sobre a homossexualidade

S. R. era um jovem hesitante e confuso, e, depois de conversar um pouco sobre a estupidez da guerra, disse que era homossexual. Estava lutando contra isso, condenando a homossexualidade como um pecado, porque seus sacerdotes assim haviam dito; condenando como um terrível mal e uma vergonha, porque sua família assim a considerava. Estava deprimido e confuso. O que deveria fazer?

O conflito entre dois desejos opostos, o de desistir e o de ser, deve primeiro ser compreendido a fundo. Esse conflito não produzira os resultados desejados, como ele mesmo reconhecia, portanto, era uma perda de tempo e energia. Quando o impulso surgira, ele o aceitara e depois o negara; a negação e a aceitação só criaram esgotamento mental e emocional, e falta de capacidade de resposta, o que o levou à falta de confiança em si mesmo e ao embotamento. Esse conflito não o ajudou a compreender o problema e só criou seu contrário, com sua atitude condenatória; assim, ele tinha dois problemas em vez de um.

Para compreender qualquer problema você deve lhe dar toda a sua atenção. Quando o aceita ou o condena, não está dando toda a sua atenção a ele; como seu pensamento e seu sentimento estão divididos, portanto, você é incapaz de compreender o problema. Aceitar um fato pode não representar um problema, mas, quando você o nega, há um conflito exaustivo. Se a pessoa aceita que é mentirosa, pode lidar com isso; mas, se o nega ou o condena, soma mais problemas inúteis e confusos. Isso é o que ele estava fazendo. De modo que deve tomar consciência de que está arrastando um tema secundário e largá-lo.

Ele disse que não podia deixar de condenar o fato, mas não sabia por que fazia isso.

Será que não o condenava porque atuava como um freio em seu desejo? Se não condenasse a homossexualidade, por acaso temia que o problema pudesse piorar? Na verdade, se não a condenasse, poderia aceitá-la e viver com ela. Motivado pelo medo, ele a condenava.

Então ele me perguntou se eu aprovava que ele a aceitasse.

Estava me perguntando isso porque, então, com minha aprovação, ele poderia continuar com seu modo de vida? Então, respondeu que devia condená-la.

A condenação ou aceitação não o ajudam a resolver o problema que enfrenta. É essa condenação, e o desejo de aceitar, que ele deve entender profundamente e inteiramente. A condenação e seu oposto impedem o fluir da compreensão, e é a compreensão que vai resolver seu problema. O florescimento da compreensão é negado quando ele julga. Se quiser entender o outro, ele não o deve julgar por sua raça, cor, nome etc.; deve deixar de lado seus preconceitos e olhá-lo aberta e compassivamente. Da mesma maneira, para entender seu problema ele deve parar de julgá-lo ou de acolhê-lo, e é justamente aí que está sua dificuldade. Condenar é fácil, e aceitar é mais fácil, mas nenhum dos dois cria compreensão. Na chama da compreensão seu problema será consumido.

De modo que ele deve tomar consciência de sua atitude condenatória e tentar descobrir por que a alimentou. Ao dar-lhe um nome, ele não resolveu, nem pode resolver, seu problema. Ao entender essa atitude de condenação e o oposto, ele enfrentará uma questão muito maior, que, como compreende, lhe permitirá desenvolver um correto pensar e então ele saberá qual é a ação correta que deve tomar em relação a seu problema. E, mesmo se conseguir resolve-lo, ainda haverá um maior – o de pensar e agir corretamente –, mas, se entender o maior, o menor será incluído. A solução de um problema em seu próprio plano torna o pensamento-sentimento pequeno, medíocre e confuso; mas, quando se toma consciência das grandes questões envolvidas, há clareza e maior compreensão.

O medo do que outros pensam e dizem pode agir como um elemento dissuasivo, mas o problema persiste. Só com a compreensão decorrente do interesse pleno e da atenção é que o problema pode ser resolvido e transcendido. Dar esse interesse integral e essa atenção ao problema é muito mais difícil que o problema em si. O problema menor desaparece nas grandes questões.

Capítulo 47

O fluxo da autoconsciência dentro dos campos da meditação

S. L. explicou que fazia parte de um tipo de instituição em que as pessoas se confessavam – ou compartilhavam, como também chamavam. Ele havia deixado não por isso, mas pela visão limitada que imperava e outras razões. S. L. achara a confissão útil em certos momentos, mas não haveria outra forma de obter benefícios a não ser confessando a um sacerdote, a um grupo ou consultando um psicanalista? Ele sentia que devia haver, e por essa razão veio conversar.

A pessoa deve estar sempre atenta para não desperdiçar a ampla plasticidade mental-emocional com fins ineficazes. Recorremos aos outros para que nos ajudem em nossa confusão e sofrimento. Quando não há entendimento isso inevitavelmente se torna dependência, com todas as suas dores. Essa compreensão não vem pelos outros, mas com o desenvolvimento da autopercepção: essa percepção na qual cada pensamento-sentimento se refletem como em um espelho. E a reflexão se distorce quando há condenação ou aceitação, quando há julgamento. Tal julgamento impede o fluxo de uma compreensão mais profunda e mais ampla.

Na autopercepção não há necessidade de confissão, porque a autopercepção cria o espelho no qual todas as coisas se refletem sem distorção, pois cada pensamento-sentimento é projetado, por assim dizer, na tela da consciência para ser observado, estudado e compreendido. Mas esse fluxo de entendimento é negado quando há condenação ou aceitação, julgamento ou identificação. Quanto mais se observa e se entende a tela – não como obrigação ou como prática imposta, mas sim quando a dor e o sofrimento criam esse interesse insaciável que traz sua própria disciplina –, maior é a intensidade da percepção e o aumento da compreensão.

Essa compreensão não depende de ninguém, de nenhuma autoridade externa ou de nenhuma resolução interna, e sim do fluxo constante de autopercepção. Com a dependência o pensamento se torna escravo, o pensamento servil pode ser organizado e usado, e assim, a institucionalização cresce e o pensamento inicia e termina em coletivismo, o que impede a descoberta criadora da realidade.

Ter consciência de cada pensamento e sentimento, e segui-los, é extremamente difícil. Nossa mente gira rápido demais, com pensamentos e sentimentos demais; ela é dispersa e ineficiente. Meramente controlar a velocidade da mente pondo freio no pensamento, a chamada concentração, torna-se uma busca ineficaz, porque o pensamento está mais preocupado em pôr o freio, em não permitir que a mente se disperse. Dessa maneira não é possível ir longe. Devemos entender desde o início que um pensamento ao qual se aplica um freio deixa de fluir, deixa de propiciar compreensão. E, posto que o pensamento está ocupado com o controle dos pensamentos e sentimentos errantes, a mente logo se cansa, e a concentração se transforma em uma série de compulsões, nas quais não há compreensão alguma. É necessário entender bem isso.

Para se tornar cônscio de cada pensamento-sentimento é necessário que a própria mente se dê conta de que, para pensar e sentir cada pensamento-sentimento, deve trabalhar numa velocidade menos desordenada. Você pode seguir algo se andar devagar; é preciso fazer uma máquina rápida ir devagar para estudar as coisas. Da mesma maneira, os pensamentos-sentimentos poderão ser estudados e compreendidos se a mente for capaz de funcionar lentamente; quando ela houver aprendido essa capacidade, poderá aumentar a velocidade, o que a deixará extremamente serena. Um ventilador de várias pás girando em alta velocidade se parece com uma única lâmina sólida. Nossa dificuldade é fazer que a mente gire lentamente, para que cada pensamento-sentimento possa ser seguido e compreendido. Aquilo que se compreende profunda e refletidamente não se repete.

Anote todos os pensamentos-sentimentos, não os especialmente escolhidos, em um momento determinado e feliz, porque então a mente estará pensando só no que deseja. Anote cada pensamento-sentimento, o trivial, o tolo e o bom, de manhã, quando acordar. Não é possível escrever tudo, porque você pensa coisas demais, mas pode escrever tudo que conseguir, sem escolher. Você tem que fazer outras coisas, sua atenção está em outro lugar. Depois que tentar escrever várias vezes, vai notar que mesmo que tenha que prestar atenção em outras coisas, seu subconsciente estará anotando seus pensamentos-sentimentos internos, porque quando começar a escrever de novo, esses pensamentos-sentimentos surgirão. Revise o que escreveu sem condenar nem justificar, sem aceitação, julgamento ou identificação – o que é extremamente difícil. Você descobrirá que instintivamente está condenando ou justificando, e isso impedirá o fluxo de compreensão do significado mais profundo do que escreveu. Não escreva como se fosse um dever; para entender você deve ter consciência do que pensa; é interesse, e não um dever doloroso.

Se persistir em escrever por algum tempo e tentar pensar e sentir cada pensamento-sentimento, vai descobrir que consegue fazer isso sem que outros pensamentos-sentimentos se intrometam. Assim você desperta a autopercepção, da qual surge a autocompreensão e o correto pensar. É evidente que a pessoa não precisará escrever se for sensível e receptiva a cada pensamento-sentimento, consciente de cada um. Logo descobrirá quais deles seguir e quais não seguir, e estes últimos logo definharão e não retornarão.

Nesse processo constante de autoconsciência, a confissão se torna desnecessária, pois a consciência atua como um corretivo tolerante e compreensivo, e a dependência de outrem se torna sem sentido e desnecessária. Você também descobrirá que desse processo deriva uma sinceridade mais profunda e sensível; e também descobrirá as fontes internas de seus pensamentos-sentimentos. Essa descoberta traz clareza e compreensão, e, assim, o conflito entre as muitas camadas de consciência diminui. Além do mais, desse processo deriva uma concentração que se prolonga, que não é limitadora. Dessa autopercepção surgem a autocompreensão e o correto pensar. O fluxo da autopercepção entra nos profundos e silenciosos campos da meditação.

Capítulo 48

Quando a luz interior se apaga

C. A. disse, com grande pesar, que havia conseguido suportar as muitas provações da vida com relativa facilidade, uma vez que desde a infância trazia uma permanente luz interior. Mas, certo dia, essa luz se apagara repentinamente – algo que nunca havia acontecido. Uma repentina solidão, um vazio devastador havia caído sobre ela, e foi tão assustador que durante vários dias ela não sabia o que estava fazendo; o problema estava ficando insuportável. C. A. dizia que devia ter feito algo errado, que se permitira ser negativa, que deixara coisas feias entrarem em sua mente. Talvez ela houvesse sido ativa demais, desperdiçado essa luz, e ainda havia muito por fazer. Por que essa luz a deixara? Como poderia recuperá-la?

Na infância e juventude com frequência temos em nós essa extraordinária luminosidade, uma canção no coração que nos segue pela vida afora; mas para alguns, logo desaparece. Ela vem sem ser convidada, simplesmente está conosco. Consideramos sua presença inquestionável e, inconscientemente, vivemos ao seu redor. A menos que façamos algo deliberadamente cruel e nos percamos em alguma absoluta bobagem, ela continua conosco, benigna, sem interferir, mas sempre ali. Mas, à medida que cresce nosso desânimo, nossa incompreensão, nossos hábitos mundanos, tornamo-nos dependentes, agarramo-nos a ela, nós a glorificamos, começamos a usá-la. Então, um dia ela vai embora, e sem pedir licença. Resta em nós um vazio angustiante, uma solidão devastadora, e choramos pelo que perdemos.

Então, a memória desperta e encontra maneiras de ressuscitar essa luz. Por que foi perdida? O que eu fiz para perdê-la? O que devo fazer para conquistá-la? Há alguma esperança? O pensamento fica vagando em círculos, no desespero e na esperança, tentando recapturá-la por todos os meios, como uma mãe com o filho morto.

Não estaria ela fazendo o mesmo, fazendo todo o possível para recapturá-la, dando-se explicações, justificativas, tentando descobrir as causas do desaparecimento? Esse turbilhão da mente a impede de entender sua situação real. Ela nunca poderá recapturá-la, porque não é uma coisa da mente, e por mais agradável e inspiradora que haja sido sua prolongada experiência, agora acabou.

Se ela não considerar isso como algo terrível, curiosamente deveria estar agradecida, porque é um despertar. Antes a aceitara, vivera com ela, e enfrentara as provações habituais da vida. Mas agora teve um duro despertar, o choque da profunda solidão, do vazio, sem nada em que se apoiar. C. A. deveria agradecer ao céu por isso. Nesse estado altamente suscetível, ela precisa estar bem atenta para não se perder em questões secundárias, em crenças, explicações, substituições; pois a busca de consolo destruirá completamente a compreensão. Essa busca de conforto é extremamente sutil, seus caminhos são enganosos, sub-reptícios, e conduzem apenas ao declínio e ao embotamento. Se ela não buscar um conforto superficial, agora será o começo da verdadeira ressurreição. Completamente nua, sem qualquer força de sustentação, se quiser ela poderá começar a cavar fundo dentro de si mesma, compreendendo os impedimentos, os bloqueios. Quanto mais consciente estiver, maior e mais ampla será sua capacidade de cavar, de compreender. Na autocompreensão estão a sabedoria e o imperecível.

Capítulo 49

Tomar consciência do passado por meio do presente

T. R., um soldado, explicou que tinha sangue de rabino em sua origem, e que em sua imaturidade e entusiasmo havia entrado para o exército, como muitos dos seus amigos. Havia trabalhado, polido botas e lutado avidamente, marchado e treinado com entusiasmo. Um amigo havia lhe mostrado algumas conversas minhas publicadas, e, embora não soubesse por que, ele se sentira compelido a vir. Havia sido obrigado a abandonar a faculdade para se alistar, e tinha vários tipos de ambições, mas provavelmente teria se tornado arquiteto, ou algum tipo de artista criativo. Era bastante jovem, uns 20 anos. Era rápido e muito responsivo.

Depois de uma ou duas frases, rapidamente notei que ele estava muito perturbado internamente e mal se dava conta disso. Externamente parecia calmo e tranquilo, mas estava profundamente constrangido. Ele fez um ou dois comentários que transmitiam sua ansiedade inconsciente e não aparente. Falou de uma série de pesadelos recorrentes. Não tinha particularmente medo de morrer nem ficava especialmente nervoso como alguns ficavam quando eram enviados para o fronte. Acrescentou, de quebra, que achava uma pena morrer, porque sentia que teria sido um ótimo arquiteto ou um artista realmente criativo. Encontrava alívio na bebida e em outras formas de liberação. Ainda não era cínico, mas via a si mesmo se tornando um.

Será que ele não gostaria de falar sério, aprofundar-se no que estava dizendo? Claro, respondeu ele; e por essa razão devia ter vindo. Talvez, ao se aprofundar em tudo isso ele encontre a si mesmo numa posição extremamente difícil. Disse que vinha sentindo isso, vagamente, claro, mas sentia que algo o instava internamente, e talvez, acrescentou, seus pesadelos tivessem algo a ver com isso.

Ele só pode apagar o passado compreendo-o; do contrário, ele se repetirá, assim como uma experiência inacabada se repete sem parar; a memória do fato continua, causando conflitos e distúrbios. T. R. não pode ignorar seu passado; deve tornar-se cônscio dele no presente, mas não como algo do passado para ser arrastado para o presente e examinado. Ao tentar compreender o presente, encontra-se sua relação com o passado. Assim, o passado deve ser investigado por meio do presente.

O presente é seu ambiente, interna e externamente; T. R. deve ter a percepção disso, analisando e compreendendo. Essa autopercepção inevitavelmente provocará insatisfação. Se a insatisfação já estiver ardendo a fogo lento, vai se inflamar. Não haverá paz até que as causas desse descontentamento se dissolvam; ele encontrará mais dificuldades, não menos. Com essa autopercepção, seus instintos e preconceitos rabínicos, que permaneciam inativos, serão despertados – o que já está começando. Ele precisa compreendê-los, não os aceitando ou rejeitando, mas sim com tolerância e compassividade, observando-os, suas formas e suas intenções. Esse passado rabínico, com seu contexto religioso, não o deixará em paz, por mais que ele tente reprimi-lo. O presente e o passado encontrar-se-ão cada vez mais em conflito. A menos que realmente o compreenda, uma vez que o tenha despertado, naturalmente produzirá mais e mais perturbações. A compulsão e as normas externas que aceitamos impensadamente, e talvez precipitadamente, devem entrar em conflito com as tradições e padrões internos mais profundos. Aceitar ou negar um ou outro não traz inteligência ou paz à mente. Tanto o condicionamento interno quanto o externo devem ser pensados, sentidos e compreendidos profundamente; do contrário, serão causas de perturbação sob diversas formas, como pesadelos etc. A revolta contra o presente e, assim, contra o passado, só pode produzir o mais alto grau de inteligência quando a pessoa compreender o processo mediante o qual o pensamento se configura, limitando-se, criando obstáculos para si próprio. A ganância, a luxúria e a fama são as causas desse processo de autoisolamento; e com a autopercepção, que alimenta a compreensão de si e o correto pensar, o pensamento-sentimento se liberta delas.

Da insatisfação decorre a insensibilidade na autoexpressão, mas a autoexpressão não é criatividade. A maioria das pessoas se perde na busca da autoexpressão e a encontrará segundo a qualidade de seu descontentamento. Mas isso não leva a nada; só, talvez, a mais sofrimento para si e para os outros, para o mundo. A autoexpressão é a expansão da autolimitação, e aí não há felicidade. A criatividade nasce quando se entende o anseio do eu, e então o dissolve naturalmente. O ruído do eu impede a quietude da verdade.

Criamos uma sociedade, um entorno, do qual devemos encontrar libertação. Cada forma de estímulo dos sentidos, entretenimento, distração e religião organizada, com seus rituais, torna-se um meio de fuga aceito e honrado. Essas distrações e fugas se tornam cada vez mais importantes e necessárias para uma sociedade cujos valores são relacionados aos sentidos. Em vez de alterar fundamentalmente esses valores, criam-se distrações e fugas melhores, que resultam em crueldade, catástrofes, guerras. A sociedade, o ambiente, é o que fizemos que se tornasse. Somos responsáveis pelo que é, sem nós a sociedade não existe; não podemos culpá-la. Ela não nos constrói inteiramente; nós lhe damos poder, e ela funciona conosco. Então, transforma-se em senhor e nós em escravos. Enquanto o Estado, a sociedade, o ambiente for o fator modelador do homem, este se tornará escravo, máquina. De suas ações mecânicas e ditadas, o homem deve encontrar – e encontra – uma libertação, uma fuga, e assim, fica preso em um círculo vicioso. Para quebrar esse círculo vicioso, ele deve ter autopercepção e responsável. O Estado, a sociedade não pode salvá-lo. Só ele pode se salvar, não se isolando, mas libertando-se dos fatores que o acorrentam: desejos relativos aos sentidos e às coisas materiais, fama pessoal e a questão da imortalidade.

Quando nos libertamos disso tudo, nutrimos um pensamento-sentimento que é imortal. É esse pensamento-sentimento que deve ser descoberto. Apoiando em si mesmo, não em alguma ortodoxia, não nos rituais, não nas igrejas ou sinagogas, mas em si mesmo. Para que seja descoberto, deve haver grande seriedade e flexibilidade. É uma viagem na qual a recompensa está no próprio início.

Capítulo 50

As sementes da corrupção nas organizações

M. O. disse que era diretora de uma organização que crescia rapidamente; poder-se-ia chamar, disse ela, uma organização espiritual, embora utilizasse, de uma maneira limitada, a técnica das organizações convencionais. Ela viera, prosseguiu, para perguntar se era correto ser diretora da organização, porque havia sentido uma perigosa e crescente fome de poder e dominação; porém, seu pessoal queria que continuasse como chefe. Se renunciasse, a organização poderia cair – e ela tinha certeza de que cairia – em mãos que a usariam para fins egoístas. M. O. teria que decidir o que fazer, mas queria conversar sobre o assunto.

Os grandes grupos organizados trazem em si as sementes da corrupção. Tornam-se meios de poder usados por diretores ou indivíduos, que adquirem esse poder na organização, a qual os gratifica segundo sua capacidade. A distribuição do poder ajuda a manter as organizações, sejam espirituais ou temporais, e fortalece ainda mais a limitação do pensamento, fomentando o individualismo e a intolerância. Quanto maior a organização, espiritual ou mundana, mais tirânica e exploradora ela se torna.

As chamadas organizações espirituais perdem sua intenção quando se tornam mecânicas na propagação de ideias e teorias. Por que alguém se juntaria a um grupo, grande ou pequeno, para ler ou ouvir teorias? Reune-se porque é vantajoso, porque pode ganhar algo com isso. A ganância é obstinada e sutil. Por que deveriam existir organizações espirituais grandes e poderosas, com propriedades e investimentos, para descobrir a realidade, que só pode ser descoberta por meio da percepção individual e do correto esforço? As organizações se tornam mais importantes – quantos membros têm, quantas cotas etc. –, e a busca do real se perde em reuniões barulhentas. Tornam-se fixas, rígidas, como os pensamentos daqueles que pertencem a ela. A vida é uma mudança constante, um devir contínuo, uma revolução, e uma organização nunca pode ser flexível; portanto, ela interpõe-se no caminho da mudança. Para se proteger, torna-se reacionária. A busca da verdade é individual, e não comunitária. Para que seja possível se comunicar com o real deve haver solitude; não isolamento, mas liberdade de qualquer influência ou opinião. A organização do pensamento inevitavelmente se transforma em obstáculo para o pensamento.

Como M. O. havia percebido, a fome de poder é quase inesgotável em uma organização. A ganância está encoberta por palavras doces e técnicas, mas o câncer da avareza, do orgulho e do antagonismo é alimentado, compartilhado e estimulado. Daí surgem conflitos, intolerância, sectarismo e outras manifestações desagradáveis.

Não seria mais sábio que grupos pequenos – digamos 20, 25 pessoas –, informais, sem cotas e sem filiação, se reunissem onde fosse conveniente para dialogar afetuosamente a abordagem da realidade? Para evitar que o grupo se tornasse excludente, cada membro dos pequenos grupos incentivaria outro grupo pequeno, ou talvez se juntaria a ele; assim, seria multiplicador, não estreito e paroquial.

Para se chegar ao alto é preciso começar de baixo. Talvez, começando pequeno, seja possível criar um mundo mais saudável e feliz.

Nós vimos M. O. de novo várias vezes, e ela disse que estava começando a se desembaraçar de sua sede de poder e a incentivar grupos pequenos e independentes.

Capítulo 51

Viver sozinho ou em um relacionamento íntimo?

R. L. disse, hesitante, que vinha conversar sobre um assunto muito pessoal e esperava que eu não me importasse. Era difícil para ele falar de si e de seu problema, de modo que falamos de assuntos gerais e, depois de um tempo, ficamos em silêncio. Ele começou lentamente, contando sua vida e suas dificuldades. Explicou que se casara duas vezes e, como seu terceiro casamento estava fracassando, e poderia haver um terceiro divórcio. Estava profundamente decepcionado, porque sentia que era sua culpa, mas não sabia onde estava a causa de seus infortúnios. Pensava que, se não a encontrasse, teria dificuldades em todos os relacionamentos. Não queria o divórcio, mas, de alguma maneira, estava indo nessa direção, como nos dois casamentos anteriores.

Viver sozinho exige um alto grau de inteligência. Exige vigilância aguçada e atenta, profunda percepção e compreensão para evitar a insistente rigidez da mente-coração, o processo de autoisolamento daquelas tendências peculiares que conduzem à pobreza interior e ao sofrimento infrutífero. Viver sozinho é muito difícil, requer aguçada flexibilidade e adaptação, e a sabedoria da autocompreensão. Não há ninguém para atuar como um espelho revelador; nas paredes do isolamento não há reflexo; elas devolvem, em eco, a voz do eu. É mais difícil, mais extenuante, viver sozinho; há mais armadilhas que na vida de relacionamento íntimo e constante.

Relacionamento é conflito, dor, com alegrias passageiras, dominação e entrega. É algo a ser compreendido; não a ser formatado e dirigido, e sim a ser compreendido; algo que não é inclusivo, e sim que seja expandido. Existir é se relacionar, e a existência é dolorosa. Queremos evitar essa dor por qualquer meio, mas se a compreendermos, haverá a possibilidade de transcendê-la. Não seria o relacionamento um processo de autodescoberta? Talvez você não goste do que lhe está sendo mostrado, mas o homem que reflete o analisa, não o evita, não o encobre. A maioria de nós não gosta de ser mostrada tal como é, e como a natureza do relacionamento é se expor, isso inevitavelmente traz dor e desconforto. Tentamos evitar tal exposição dolorosa, e, quando se torna ameaçadora e excessiva, trocamos de relacionamento. Buscamos consolo no relacionamento, que não seja exposição; não queremos descobrir a nós mesmos. Viver é uma tensão, e é na tensão que vibra a verdadeira nota. Queremos que o relacionamento seja pacífico, que nos faça adormecer, que nos anestesie para enfrentarmos nossas ocupações cotidianas, que são pouco criadoras, entediantes e inúteis. Nos relacionamentos ansiamos estar salvos, seguros, e nisso não há compreensão, não há amor.

R. L. respondeu que queria paz, não conflito, pois já tinha o suficiente fora da família. Seu mundo de negócios era competitivo – seguir em frente ou desistir –, cada um tentando inventar algo, uma luta constante para não afundar. Ele queria tranquilidade e felicidade em seus relacionamentos íntimos.

Talvez a ocupação errada estivesse criando conflito e preocupação desnecessárias, das quais ele tentava escapar com um relacionamento pacífico. R. L. não queria um relacionamento com suas tensões e atritos, que exigisse ajuste e flexibilidade, e sim uma existência fácil e anestesiante em casa, coisa a que sua esposa talvez se opusesse. Se tanto a esposa quanto o marido quisessem fugir da dimensão real do relacionamento, talvez a existência em casa pudesse ser agradável e prazerosa, mas isso não resolvia nada. Ele teria que mudar de profissão, ganhar a vida por meios adequados, coisa que encontraria se estivesse disposto a deixar de lado a ganância e o desejo de poder. Ou, se não fosse capaz disso, sua profissão absorveria toda a energia de seu pensamento, e ele não teria tempo nem cabeça para considerar as implicações mais profundas do relacionamento.

Toda existência é relação, e estar em relação é o caminho da autocompreensão e da libertação do sofrimento. Se ele não quiser entender o significado do relacionamento, terá que pagar o preço. Não há como fugir da dor; se fugir, ela logo o alcançará.

No estado de relação se revela o caminho do eu, para ser investigado, compreendido e transcendido. Sem transcender o eu sempre haverá ignorância e sofrimento. Para entendê-lo deve haver paciência, não conclusões precipitadas, mas uma atenta suspensão do julgamento. Enquanto R. L. não entender o completo significado do que seja relacionamento de fato, estabelecer um novo será continuar sofrendo sob circunstâncias diferentes. Aquilo que não compreendemos e realizamos se repetirá até que seja compreendido e realizado; não há como fugir disso, faça você o que fizer.

R. L. foi embora desconcertado e preocupado, mas, apesar disso, havia um leve brilho de compreensão. Algum tempo depois ele voltou; disse que estava mudando seus meios de subsistência depois de uma considerável dificuldade e problemas em casa, uma vez que ganharia muito menos, mas o suficiente para suas necessidades. Além do mais, explicou que estava começando a entender o que queríamos dizer com relacionamento e esperava que algo de bom saísse disso. Acrescentou que estava levando a vida a sério e, curiosamente, embora não houvesse falado sobre isso em sua visita anterior, havia decidido parar de beber, e estava conseguindo.

Capítulo 52

Você não está desperdiçando sua vida?

A. B. explicou que estava passando de um apego a outro, e cada vez, dependendo da pessoa, o padrão mudava um pouco, mas essencialmente era o mesmo: a mesma confusão e dor, o mesmo desperdício de energia e a mesma inutilidade. Ele não sabia como sair dessa inútil rotina de apego.

Nós lhe perguntamos se não estaria desperdiçando a vida, e ele concordou. Então, por que se incomodava com esse grande desperdício de energia no apego? Se toda sua vida era um desperdício, por que se preocupava em estar desperdiçando mais vida com preocupação, confusão e dor do apego? Não estaria desperdiçando sua vida, ou será que seu interesse, que estava latente, não encontrava uma saída que valesse a pena?

Ele dizia que sempre sentira que tinha em si um interesse latente, que nunca fora despertado. Ardia a fogo lento, mas nunca explodira em chamas. Política, negócios, família e religião não lhe interessavam, porque, segundo ele, não levavam a lugar nenhum. Disse que não era cínico, mas que o mundo e seus caminhos nunca o haviam entusiasmado nem despertado seus interesses adormecidos. Mas esse apego constante, que não era a chama do amor, o incomodava, e ele queria superá-lo.

Não seria importante saber por que seu interesse não despertava, por que permitia que continuasse latente? Talvez, se entendesse isso, pudesse resolver seu problema de apego. Será que esperava que as circunstâncias despertassem seu interesse? Esperava que com a ajuda de outro atravessasse as névoas da inércia? Outra pessoa poderia ajudar? Aparentemente, ele andara buscando, consciente ou inconscientemente, um fator externo capaz de despertar seu interesse. Vendo a completa inutilidade de sua vida e ficando profundamente abalado, talvez estivesse procurando outra pessoa, ou circunstâncias que o arrancassem das névoas do comodismo. Como alguém poderia despertar o seu interesse? Ele mesmo deveria fazer isso? Vendo que ninguém, que nenhuma circunstância despertou até agora o interesse vital, A. B. não deveria se dedicar a isso? Por que não o fazia? Tinha medo? Medo de que, se fizesse isso, seu modo de vida e seu pensamento atual tivessem que mudar?

Não, respondeu, isso não o incomodava; ficaria feliz com uma revolução interna e uma mudança externa. Não, ele achava que não era essa a razão de seu medo. Admitiu que tinha medo, mas não sabia nada que o causasse. Havia pensado nesse medo, mas não pudera descobrir a causa.

Se conseguisse despertar seu interesse vital, sua vida não seria desperdiçada, e seu maior desperdício – apego – também acabaria. Um problema maior e mais importante – o interesse – substituiria o menor – o apego. Ao entender que desperdiçava sua vida, A. B. encontraria um problema muito maior, que resolveria o menor.

Então, por que tinha medo? E de quê? Era falta de confiança em si?

"Sim, é isso", ele disse; "e como fui tolo por não descobrir sozinho".

Se você sabe dirigir, não tem medo; mas se não estiver familiarizado com as marchas, com o freio etc., terá medo de dirigir. Não há medo em relação ao que você sabe; o medo nasce quando há ignorância. Sendo ignorante de si mesmo, há falta de confiança, há medo.

Com a autocompreensão o medo desaparece. A falta de autoconfiança torna a pessoa dependente, apegada, com todas as suas humilhações. Não há escapatória, salvo na autocompreensão. Quanto mais autoperceptivos formos, mais descobriremos os impedimentos que bloqueiam nosso interesse vital e desperdiçam nossa vida.

"Quer dizer que com a autocompreensão descobrirei meu verdadeiro interesse e haverá um significado para a existência?", perguntou ele.

A autopercepção é extremamente difícil, e dedicar tempo e paciência a descobrir o que está oculto fará surgir o verdadeiro interesse, que transcende todas as atrações temporais. Com a atenção constante de cada pensamento-sentimento, no pensar, no sentir, suspendendo o julgamento, negando a escolha – escolher e julgar impedem o pleno florescimento do pensamento –, nasce uma compreensão das várias camadas da consciência. Através dessa atenção sem escolha transcende-se o anseio, a origem do ego, a ignorância, o sofrimento e o tempo. É uma tarefa árdua. Então, a vida terá um sentido, porque é nela que se descobre a própria criação.

Capítulo 53

Pensamentos repetitivos, triviais e intermináveis

C. disse que havia encontrado na meditação certos pensamentos que se repetiam constantemente. Pensava que os havia examinado, como havíamos sugerido; mas, apesar disso, eles voltavam com uma persistência peculiar. Eram tão triviais, mas C. não conseguia se livrar deles.

A autopercepção flui nos profundos e amplos campos da meditação. Cada pensamento-sentimento, por mais trivial que seja, tem um significado, e enquanto ela não o descobrir, continuará se repetindo. Os pensamentos corriqueiros podem surgir por interesse, hábito ou desleixo. Se surgem por interesse, devem ser rastreados, reavaliados, e assim, perderão o controle sobre a mente. Se surgem do hábito, ela deve analisar a causa desse – insensatez – em todas as suas múltiplas expressões, despertando, assim, o pensamento. Se surgem da distração, ela deve tomar consciência da distração. A distração inconsciente é o mesmo, mas ter a percepção dela é o começo da atividade.

C. disse que, como eu havia sugerido essa possibilidade nas conversas, analisara seriamente esses pensamentos corriqueiros para ver se pertenciam a uma dessas categorias; mas, embora tivesse dedicado algum tempo a esses pensamentos, eles invariavelmente voltavam e a distraíam muito.

Ela disse que era mãe de três crianças pequenas – uma típica família norte-americana. Ultimamente havia se interessado pela vida espiritual e fora a algumas palestras. Queria se aprofundar mais nessas ideias e tentava meditar regularmente, mas com grandes dificuldades. Parecia atenta e inteligente.

Pode haver outra razão para os pensamentos repetitivos. Ela não havia notado que um pensamento, uma ação total, realizada, não é retida na memória? Que mesmo esquecidos, deixados de lado, um pensamento ou uma ação incompletos ficam cravados na memória? Uma carta terminada logo é esquecida, mas uma não concluída torna-se uma lembrança irritante e constante. Um trabalho inacabado provoca a mente; o pensamento fica fixo nele até que seja concluído. Pensamentos, relacionamentos e ações não completos continuarão agindo como um lembrete irritante até que sejam concluídos. Uma mente fechada está cheia desses pensamentos inconclusos, e eles continuam nos perseguindo até que sejam concluídos, até que esse compartimento se rompa.

Sim, respondeu ela, havia notado isso, e tentaria completar esses pensamentos e ações inconclusos. Mas, prosseguiu, como se pode concluir um relacionamento ou uma ação do passado, maculada, mal-compreendida, confusa?

O remorso e o ressentimento, que são tão parecidos e que, nutrindo e dando força ao ego, fomentam a escravidão determinada pelo tempo, devem ser primeiro deixados de lado, pois impedem a clarificação. A intenção é da maior importância. Embora o relacionamento ou a ação estejam no passado, o que importa é nossa atitude e nosso propósito presente perante eles. O presente dissolverá o passado, e o que se faz com o presente está em nossas mãos. O passado deve ser compreendido no presente.

Capítulo 54

Cavando e deixando a terra descansar

C. D. esteve aqui várias vezes; quando veio pela primeira vez, estava espiritualmente "olhando vitrines", como disse, e depois de uma ou duas conversas, viu a importância da autocompreensão. Discutimos como cultivar isso, como cavar em nós mesmos para atingí-la. Quando ele veio desta vez, explicou que havia tentado todos esses meses cultivá-la, analisando, examinando, observando. Achava que havia trabalhado duro, mas notara que não estava chegando a lugar nenhum e parecia perdido e improdutivo.

Se andara cultivando seriamente a autopercepção e o correto pensar, já era hora da colheita; mas ele deve ter plena certeza de que estivera cultivando. Durante a primavera, o verão e o outono o solo é cultivado, as pedras e as ervas daninhas são removidas, as sementes plantadas e a colheita realizada; depois, no inverno, deixa-se o solo descansar, alimentado pela natureza. Durante esse período a terra é renovada, renova a si mesma. Do mesmo modo, com atenção constante, devemos cultivar e cavar em busca da autopercepção, retirando as pedras e ervas daninhas, os obstáculos e bloqueios criados por nós mesmos; devemos cavar fundo e encontrar novos tesouros. O que você pensaria de um homem que cultiva seu jardim, tira as pedras e as ervas daninhas, mas continua plantando sem permitir que aquilo que semeou cresça? Se você cultivasse intensamente a autopercepção e tentasse descobrir o máximo possível, não pararia e faria um descanso vigilante? Assim como permite que a terra descanse, mas a vigia, você não buscaria um descanso criador depois do trabalho? Quão criador será o descanso, a quietude, dependerá da profundidade de sua plena atenção.

Esse descanso não é uma compensação, e sim um fator necessário no cultivo da autopercepção. Durante essa quietude e descanso não há inércia, e sim uma vigília superior; não há indagação, escavação ou cultivo, e sim um silêncio passivo. Não há esforço de nenhum tipo, e sim atenção sem escolha. Não há identificação ou o contrário, e sim um vazio fecundo. Se houve um cultivo profundo da autopercepção, esse período de não esforço será tão essencial quanto o descanso para o solo. Porque nesse período de quietude é possível descobrir aqueles estados e fatores que vão além do intelecto perceber, que tendo sido experienciados, poderão ser entendidos pela razão, mas não são produtos dela ou de anseio. Aquilo que cada um descobrirá nesse silêncio dependerá inteiramente de quão profundamente houver cultivado a autopercepção. Sem uma profunda compreensão de si mesmo e um correto pensar, ele descobrirá o que quiser, mas não será o real, que é libertador e criador.

Deve haver períodos de cultivo e períodos de quietude. Cada período agirá sobre o outro; os períodos estão inter-relacionados: um não pode existir sem o outro. Da qualidade de um dependerá a qualidade do outro. O homem sábio não busca o silêncio, não o anseia, não especula sobre ele. Mas, ao cultivar o fluxo da autopercepção que conduz aos campos mais profundos e amplos de meditação, surge a partir do eterno a tranquilidade criadora.

Capítulo 55

Compreender um problema em um nível mais alto

D. E. trabalhava para o governo, e seu emprego – explicou – lhe tomava a maior parte do tempo. O trabalho, que um dia havia sido interessante, tornara-se quase mecânico. Mas, de qualquer maneira, ele tinha muito pouco tempo para acompanhar os acontecimentos mundiais ou para ler textos extensos Disse que era casado havia muitos anos, mas, ultimamente, desenvolvera um hábito sexual. D. E. se tratava com um psiquiatra durante algum tempo, mas continuava escravo do hábito; gostaria de vencê-lo, mas, como? Ele mencionou que pertencia a um grupo religioso, do qual falou com alguns detalhes. Disse que sua vida era um tédio, presa a uma rotina e sem criatividade. Falou de suas dores, da futilidade de sua vida oficial, das intrigas e do ciúme, da luta constante para se manter à tona. Ficava atento, inconscientemente, à algumas das camadas da consciência; precisava de um cutucão e de estímulo para estar cônscio de forma consciente e direta.

O hábito é resultado da insensatez. Tanto o bom quanto o ruim, mesmo com fins diferentes, são escravizantes. A dificuldade não é superar um hábito, e sim como manter-se alerta a ele. A pessoa pode se livrar de um hábito estabelecendo outro, talvez melhor, mas isso não resolve o problema do hábito, que é a insensatez. Como os hábitos se desenvolvem depressa quando não há pensamento, quando não há atenção plena! Tomemos, por exemplo, o fumo: começa na inconsequência, e pela ânsia se estabelece o hábito. O homem começa ainda garoto, porque é uma coisa viril ou porque os outros garotos fumam; causa doenças, mas é o que se deve fazer. Logo se estabelece um hábito. Um bom hábito é como um mau hábito: ambos são resultado da falta de sensatez.

"Mas", perguntou, "não é importante se livrar de um mau hábito, mesmo sendo resultado da insensatez?".

Não é mais importante se manter atento, tornar-se ponderado, o que evitará a formação de hábitos, que se preocupar somente em se livrar de um hábito, agradável ou desagradável? De modo que se ele se preocupar com o problema maior, a menor dificuldade desaparecerá. Mas lidar com o menor sem compreender o maior é manter a mente no mesmo nível do problema, o que não gera nenhuma solução. Qualquer problema deve ser compreendido não em seu próprio plano ou nível, e sim num nível mais alto de abstração.

Então, como ele se tornaria plenamente atento, o que dissolveria seu hábito insensato?

Não seria sua existência insensata? Ambiente, religião, política, educação, diversão e distração não criavam um estado no qual pensar-sentir provocava sofrimento? É preciso se adaptar para ser bem-sucedido, mas adaptar-se é cultivar a ignorância.

Ele concordou, mas, tornando-se reflexivo, poderia se rebelar, perder seu emprego. Então, definitivamente, se posicionaria contra a guerra, mas tinha medo; de modo que devia se adaptar, acrescentou.

Precisamos pagar o preço pela não adaptação, por sermos ponderados. E, quando deixamos que o outro pague o preço, o mundo se reduz a este estado terrível e caótico.

Será que ele não deveria tirar o pensamento do ambiente, não apenas aceitar e estar sujeito à autoridade, mas também avaliar compassivamente as condições que o cercam? Dessa avaliação tolerante e da atenção constante surgirá um pensamento-sentimento criador, que acabará com seu hábito.

Mas, como ele disse, o medo impedia a observação atenta.

O medo gera insensatez, e dela nascem os bons e os maus hábitos. Ampliando constantemente nosso pensamento-sentimento, com vigilância e autopercepção constantes, as causas da falta de bom senso serão descobertas e dissolvidas. Descobri-las é importante; não as conclusões teóricas e intelectuais, porque o que se descobre com a autopercepção, por ser a verdade, é criador e libertador. Para superar seu hábito perturbador D. E. não deve apenas pensar em se livrar dele, ou condená-lo, ou justificá-lo; compreendendo o que jaz por trás desse e de outros hábitos, ele começará a quebrar a engrenagem que produz a falta de bom senso. Não é uma tarefa fácil, uma vez que implicará muitos problemas conflituosos e confusos, mas quando esses problemas forem compreendidos e dissolvidos, trarão felicidade e paz.

Capítulo 56

Apego e desapego – ambos são gratificantes

E. F. disse que tinha uma família numerosa e muitas responsabilidades. Amava sua família, eles dependiam dela, e ela deles. Não era uma dependência opressiva, mas poderia vir a ser. Ela se perguntava o que era desapego, e se, como estava ficando mais velha, não deveria cultivá-lo.

Por que razão ela queria cultivar o desapego? "Acho que – para ser honesta – para não sofrer", disse ela.

Aí jaz toda a questão: para evitar o sofrimento, vamos cultivar o desapego. Ao sermos advertidos de que o apego implica em sofrimento, queremos ser desapegados. O apego é gratificante, mas ao percebermos a dor nele, queremos gratificação de outra maneira: por meio do desapego. Apego e desapego são a mesma coisa se renderem conforto. De modo que o que buscamos é o consolo, desejamos estar satisfeitos por qualquer meio.

Somos dependentes ou apegados porque isso nos dá prazer, poder e noção de ser, embora traga dor e temor. Buscamos o desapego pelo prazer também – para não sermos feridos em nosso ser. Prazer, gratificação, é nossa busca. Não estamos condenando ou justificando, estamos tentando compreender. Porque sem compreensão não há saída da confusão e contradição. Será que o anseio pode ser satisfeito ou é um poço sem fundo? Ansiar o baixo ou o alto é a mesma coisa; um ardor, e aquilo que pode ser consumido logo se transforma em cinzas. E o anseio de satisfação ainda persiste, sempre ardendo, consumindo, e não tem fim. O apego e o desapego são ambos escravizantes; ambos devem ser transcendidos.

Qual é nossa pergunta, então? Não é como cultivar o desapego, e sim como libertar a mente do anseio, da busca de compensações mais profundas e amplas, da consciência do ser ou do devir. Transcender o observador e a coisa observada. É muito exaustivo libertar a mente, o ser inteiro, do anseio, do desejo, da necessidade. Somos o resultado do anseio, e ir além de nós mesmos é extremamente difícil. Mas é isso que primeiro devemos compreender: a necessidade de libertar do anseio o pensamento-sentimento. A intenção é de extrema importância. Se isso for percebido e compreendidos claramente, os caminhos sutis do ego poderão ser encontrados e arrancados pela raiz. Esse é o trabalho da atenção constante. Com uma percepção mais profunda e mais ampla, quase imperceptivelmente nos libertamos do anseio, da necessidade. Essa libertação não é fruto do esforço da vontade, e sim da compreensão.

Essa compreensão, nascida da percepção e da meditação, tem sua própria atividade, seu próprio impulso, que quando flui desimpedido da ganância e da memória, entra na beatitude do eterno. Só então acabam todos os conflitos, toda a ignorância e todo o sofrimento.

"Tudo isso significa", perguntou ela, "que terei que me retirar do mundo?" – coisa que não poderia fazer, pois tinha filhos pequenos e outras responsabilidades.

Estando cônscia das implicações do anseio – ela a tem internamente, mas, intelectualmente, essa consciência é superficial –, e se a percepção não estiver distorcida, dispersa, e lhe permitir fluir para uma compreensão cada vez mais profunda e ampla, trará a resposta. A questão não é decidir o que E. F. deve fazer, e sim aumentar sua percepção e a compreensão profunda de si mesma. Uma decisão, uma conclusão sem autocompreensão só causará mais conflito e confusão; mas com ela vem o correto pensar, que traz sua ação verdadeira.

"Eu vim", disse ela, "para aprender a cultivar o desapego, mas, como vejo agora, surgiu um problema muito maior, e talvez haja contentamento nele".

Capítulo 57

Teorias e explicações são obstáculos

F. G. explicou que havia pertencido a muitos cultos e sociedades religiosas; em cada um deles havia encontrado algo e mergulhara em sentimentos profundos, pelo que era grata. Mas, agora, estava exausta e não havia chegado a lugar nenhum. Tinha, uma bolsa cheia de teorias, explicações, rituais e frases, ela disse, mas estava confusa, insegura e um tanto perdida.

Não seria importante primeiro ela compreender o que fez consigo mesma e depois, com essa compreensão, passar a se reeducar? Porque, sem compreender o passado, é provável que ela repita ou recaia nesses pensamentos e ações sem proveito algum. Para compreender o passado ela deve começar pelo presente, pelo estado em que se encontra agora. É importante compreender isso: pela compreensão presente de si, por menor que seja, ela deve tornar-se cônscia, seguindo os movimentos do passado. Assim, compreendendo-os, ela não reincidirá neles.

O homem vai de jaula em jaula, de um obstáculo a outro, de um conhecido a outro, portanto, há um conflito constante e nenhuma libertação do sofrimento. Será que essa desordem emocional e lágrimas, esse romantismo e essas recompensas, não seriam o modo mais elevado de descobrir a verdade, o supremo? Depois que se entende essas emoções, isso tudo não volta a decepcionar? Será que essa constante expansão e contração não desgasta, em vão, a flexibilidade do pensamento e do sentimento? Não seria essencial cultivar o mais alto grau de flexibilidade de pensamento-sentimento para compreender o real? Se essa sofisticada flexibilidade se esgota, sendo desperdiçada em lágrimas românticas e recompensas, como é possível sentir, compreender o real, que requer uma constância superior? Depois de haver se dissipado, como tantos outros, ela deve agora, compassiva e refletidamente, por meio da autopercepção reviver a sensibilidade desperdiçada. Nessa percepção, deve cultivar a observação sensível e tolerante de seus pensamentos-sentimentos, sem se identificar com eles. Daí virá a restauração da flexibilidade, a compreensão.

Teorias e explicações, rituais e frases são coisas vãs: impedem a autocompreensão, são obstáculos e não ajudam. Dispersam em vez de focar no que é essencial. Trazem desunião, e não integração. Causam um espírito limitado e sectário e geram divisão entre as pessoas. Nesse caminho há confusão, conflito e antagonismo.

A pessoa se permite isso como uma fuga de si mesma, mas não há fuga de si mesmo, libertação de si mesmo. Sem autocompreensão há ignorância, e a ignorância gera sofrimento e confusão, incerteza e desânimo. A mente está cheia de teorias e explicações, e a pessoa molda o viver com os padrões mortos. Força o pensamento-sentimento a se adaptar a um padrão. O bom e o ruim são amarras, não permitem que o pensamento flua em uma compreensão mais profunda e ampla. Devido ao medo, à ganância e à agressividade, esse obstáculo volta a causar conflito e confusão.

F. G. deve tornar-se plenamente atenta a si mesmo e descobrir por que colecionou essas teorias, explicações etc. As causas meramente intelectuais, superficiais e racionalizadas para tal acumulação são de pouco valor; não libertarão seu pensamento-sentimento. Por meio da percepção ela deve descobri-las. Essa descoberta, por ser a verdade, será libertadora e criadora. Dessa descoberta na autocompreensão surge o correto pensar. O anseio se dissolve no correto pensar; livrar-se do anseio é virtude. E, quando a mente acessa o eterno, todo desejo se extingue.

Capítulo 58

Matar ou não matar

G. H. era professor de uma universidade e veio com um amigo. Falaram da guerra e de seus benefícios revolucionários, de como iam mudar o mundo – para melhor, evidentemente. Havia certo júbilo em sua voz quando falaram da catástrofe no mundo, porque esta prometia um mundo mais feliz. Eles conversavam, lançavam-se respostas, estimulavam-se. Então, o professor se voltou e explicou que haviam vindo por insistência de um amigo e que, embora tivesse sido pacifista durante a última guerra, esta era diferente e exigia atitude e ação muito diferentes. Desta vez, matar o inimigo era justificável, uma vez que este era completamente cruel e, se não fosse derrotado, haveria séculos de barbárie. Dessa vez a Europa devia se livrar do terror. E, embora ele tivesse advogado por métodos pacíficos, agora era a favor de destruir o inimigo. Havia fanatismo em sua voz, crueldade nos gestos e um viés de linguagem acadêmica.

Como eu permanecia em silêncio, ele perguntou: "Não é correto destruir o inimigo? Até o Bhagavad Gita defende isso. Esta guerra é justificada porque o inimigo é impiedoso".

Por que veio aqui, senhor?, perguntei. Já que parece estar certo de sua atitude com aqueles a quem chama de inimigos, por que veio então, se é que posso perguntar? É porque deseja passar uma hora em uma discussão argumentativa, ou porque não está totalmente certo de sua atitude? Se deseja simplesmente discutir, então será inútil, mas se desejarmos elucidar nosso comportamento, então é uma outra questão.

Ele disse que não havia vindo para me fazer perder tempo com discussões inúteis, e, talvez, ao falar do assunto, poderia mudar em seu ponto de vista.

Se para vencer o mal adotarmos métodos malignos, nós mesmos nos tornaremos maus e, assim, o perpetuaremos. Combater o errado com meios equivocados fortalece ao errado. De modo que devemos encontrar os meios corretos para vencer o mal, o errado. Os meios corretos criarão os fins corretos. Matar não é sempre errado? É um valor final, absoluto – não matar –, ou um valor a ser modificado, a ser mudado conforme as circunstâncias variáveis? Deve ser considerado um valor sensorial, baseado na recompensa, no prazer ou no medo, caso em que não existe um valor permanente, essencial, e, portanto, gerador do mal e da confusão? Se um valor muda constantemente, deixa de ser um valor; e os valores relativos aos sentidos estão sempre em constante mudança, de modo que qualquer estrutura construída sobre esses valores não tem permanência; portanto, gera muita confusão e equívoco. Em um dado momento você não aprova matar, e em outro está decidido a matar; e assim, sua ação, por não ter valor, é geradora de ignorância e sofrimento.

Matar ou não matar é algo determinado pela razão, pelas ideologias, pelos princípios? Será que os valores de nossa razão não estão plasmados em nossas paixões, em nossas necessidades e nossos medos imediatos, em nossos condicionamentos? A própria razão não seria pouco confiável, contraditória? E pode haver algum valor permanente nas coisas da mente? Quando a mente é guiada por um princípio, torna-se escrava de sua própria criação, e nessa escravidão não há paz, não há compreensão criadora e contentamento.

A razão é excelente, mas deve transcender a si mesma. Deve se aquietar para conhecer o amor, e o amor não possui valor. Quando há amor, toda violência cessa; e sendo sem valor, ele é infinito. Nele não há inimigo nem amigo, ele traz sua própria ordem e clareza. É sua própria eternidade.

O professor disse: "Você está pedindo o impossível".

Portanto, haverá guerras, brigas e miséria. Não é impossível; você tornou possível a coisa mais hedionda: este assassinato em massa. Se der todo o seu ser ao outro – coisa que chama de impossível –, de todo coração, como faz com a guerra, descobrirá que com bondade e amor os problemas mais complexos podem ser solucionados.

"Você acha", perguntou ele, "que todos são capazes dessa grande transformação?"

Quem é que você chama de "todos"? Você e eu, certamente. Se dedicar sua mente e seu coração, acha que não consegue gerar uma transformação em si mesmo? Não haveria maior certeza dessa transformação do que tentar provocar uma mudança fundamental nos outros? Você pode manter sua própria casa limpa em vez de se preocupar com a dos outros. Ao se transformar você afeta o outro, porque você é o outro. Para chegar longe devemos começar perto. Você é o mais próximo.

Permanecemos bem serenos durante algum tempo, sem falar.

Capítulo 59

Reeducando os pais

S. era um jovem que disse ter dois filhos e queria falar sobre o modo de criá-los. Disse que estava totalmente insatisfeito com o atual sistema educacional e que não podia se permitir o luxo de mandar seus filhos a uma boa escola moderna, caso existisse uma. Sua esposa também queria criá-los corretamente.

Quando se educa muitas crianças em um mesmo lugar, o nível de educação não pode ser alto. Inevitavelmente tenderá a padronizar o pensamento, a opinião e a ação, algo que os Estados mais poderosos buscam. O cidadão se torna uma mera engrenagem da máquina do Estado, com todos os seus terríveis resultados. A família se torna o fator mais importante na educação dos filhos quando o Estado e a religião organizada andam de mãos dadas; mas a família não está disposta a assumir essa responsabilidade. Alguns pais talvez estejam, mas terão que enfrentar não somente a opinião pública, as rádios, os jornais, o cinema etc., mas também suas próprias relações. Portanto, as crianças têm muito poucas possibilidades, a menos que os pais sejam extremamente cônscios e capazes.

De modo que o problema não é como educar os filhos, e sim como reeducar os pais. Voluntariamente, eles devem perceber ou tornarem-se cônscios de sua relação com o mundo, de seus pensamentos e ações particulares; de como, por meio de seus pensamentos e ações, criam um mundo de luta, confusão e antagonismo; de como, com sua cobiça, agressividade e ignorância, geram vasta miséria e sofrimento.

Ele explicou que estava disposto – e inclusive tentando – a se afastar das tolices da vida, mas sua esposa não ajudava – não que estivesse se queixando, acrescentou. A pessoa pode estar disposta a ir longe – continuou –, quebrando as barreiras da existência cotidiana, mas suas responsabilidades impedem de empreender a longa jornada. Ele explicou que a esposa poderia dizer o mesmo dele. Era extremamente difícil se livrar das garras do mundo – porque ele mesmo desejava algumas coisas mundanas.

Estamos em uma longa jornada e assumimos responsabilidades. Podemos caminhar muito à frente do outro. Por quem ele é responsável: por aquele que está vindo atrás ou por aquilo a que está se dirigindo? Se ele for verdadeiramente responsável pelo que é eterno, nessa busca, nessa jornada, a divisão separatista do "eu" e do "meu" começará a se romper; haverá o amor maior, a compreensão maior, a mais profunda gentileza e perdão. Há um êxtase, uma libertação do desejo quando se aproxima do fim, o infinito. Mas a existência é uma luta, uma dor, até a jornada se extinguir.

Mas, perguntou ele, o que faria enquanto isso?

Não há "intervalo de tempo": a esposa, a educação dos filhos, os meios de subsistência, os pensamentos-sentimentos particulares, tudo isso é o fardo de sua viagem. Ele não pode se livrar deles, nem de seus pensamentos-sentimentos; deve entendê-los, porque são parte de si próprio. Ao se compreender ele os entenderá. Sem autopercepção não há compreensão. Para educar a outro ele deve se reeducar, uma tarefa árdua. Por meio da autopercepção se descobre o infinito. Em todo o resto há confusão e briga. Deve-se buscar o permanente, o atemporal, no impermanente, no tempo.

"Eu vim aqui para descobrir como educar meus filhos, e você me deu um problema muito maior", disse ele.

Quando se compreende o maior, o menor cessa.

Capítulo 60

O observador e a coisa observada

S. J. explicou que embora houvesse praticado meditação durante alguns anos, não havia chegado a lugar nenhum. Conseguia manter a concentração talvez por alguns minutos, mas ultimamente até isso lhe parecia muito superficial. Disse que neste verão havia me ouvido explicar algo sobre meditação e perguntou se podíamos falar mais sobre isso.

Será que não é importante compreender o processo do observador e da coisa observada? Os dois não formam um fenômeno conjunto? Sem compreender o observador ou aquele que lhe dá a atenção, a coisa observada, aquilo em que se concentra, sempre criará dualismo, e no dualismo não há esperança.

Em suas meditações, será que ele não encontrava o criador de imagens agarrado a suas imagens, o formulador e suas formulações? É esse criador e sua criação que devem ser completamente compreendidos e transcendidos. Sem compreender o fazedor, o formulador, o criador, a meditação só fortalece o construtor, o ego.

A meditação do coração é compreensão, e não há compreensão sem autopercepção. Se você não se compreende seus pensamentos, seus motivos, suas intenções e seus instintos particulares, em que se baseará seu pensamento-sentimento? Se não se compreende, como sabe se seu pensamento-sentimento é verdadeiro ou falso? Se não possui autocompreensão, que outra compreensão você pode ter? Você é o foco da vida, em você está o princípio e o fim; você é o todo da existência, e para entender a vida complexa, por onde você deve começar a não ser por si mesmo? A compreensão do eu é sua própria recompensa, e a sabedoria é colhida na descoberta da verdade que envolve o processo do ego. A constante autopercepção de cada pensamento flui em calmos e profundos campos da meditação. Esse fluxo, esse florescimento, se interrompe quando o pensamento-sentimento condena ou aceita, justifica ou nega, ou quando há identificação. A identificação cultiva a ausência de reflexão e o sofrimento, e por meio dessa atenção constante se produz a reeducação desprovida de escolhas de todo pensamento-sentimento-ação e, portanto, de todos os valores. Sem essa reeducação sem escolhas, o pensamento-sentimento não pode entrar nos reinos mais profundos da meditação.

O pensamento deve subir a escada da moralidade, e seus degraus devem estar desgastados pelo uso. Porque estar cônscio dos degraus é não ter moral nem virtude. Estar livre do anseio é virtude; esse anseio se expressa principalmente como desejos no campo dos sentidos, atividades materialistas, imortalidade pessoal e fama, ou como poder, mistério e milagres. Para que o pensamento se liberte do anseio, deve ser sincero, honesto. Deve conhecer a compaixão, o amor, e não há amor quando há apego e medo. A pessoa deve ter simplicidade na vida, meios corretos de viver, e estar livre de distrações, vícios etc. E, conforme o pensamento vai subindo pela escada, entra no campo da memória. A maior parte de nosso pensar-sentir é incompleta, não é pensada-sentida até o final; não há realização, e o que está incompleto, não preenchido, tem continuidade. É essa continuidade que nos torna escravos do tempo. Aquilo que tem continuidade não pode compreender o atemporal, o eterno.

Por meio da constante atenção e de sua intensificação durante as horas de vigília, as muitas camadas de consciência fornecem seu conteúdo, sua compreensão oculta. Então os sonhos se tornam mais raros e sua interpretação mais ampla e simples. À medida que as camadas de consciência se revelam e são penetradas, o estado de sono se torna tão importante quanto o de vigília. Então, a percepção das horas de vigília flui para a percepção durante o sono, ao passo que a do sono flui para a percepção durante o dia.

Assim, com a auopercepção constante se dá o florescimento da autocompreensão, da qual surge o correto pensar. O correto pensar é a base da meditação. Não há meditação sem autocompreensão, e sem consciência meditativa não há autocompreensão. Quando o pensamento-sentimento está imóvel e intangível, quando está criativamente vazio, quando observador e coisa observada cessaram por completo, então há o inominável, o incomensurável.

"Eu ouvi com muita atenção e acho que entendi. Andei treinando a concentração e notei que você nunca a menciona. Poderia, por favor, entrar um pouco nesse tema?", disse ele.

Para a maioria das pessoas, a concentração consiste em voltar a atenção para algo: trabalho, cultivo da virtude, um símbolo, uma imagem etc. – aquele que se concentra e aquilo em que se concentra. Nisso opera sempre um processo dual – o "eu" e o "não eu" –, no qual há atrito, tensão, oposição. O pensador está separado do pensamento; o pensador procura dar forma a seu pensamento; o observador estuda, examina o objeto observado. Assim, existe sempre o conflito do dualismo, no qual se concentrar é alargar o espaço de separação, desintegrar, alimentar a parte, afastar-se do todo, do real.

Estaria o pensador separado de seu pensamento? Não formam ambos um fenômeno conjunto? Quando o pensador tenta moldar seu pensamento segundo um padrão, sem se entender, o pensamento leva à ilusão. Concentrando-se no pensamento sem compreensão o pensador nunca pode obter a percepção do real. Sem compreender o pensador, só há ignorância e sofrimento. Para compreender o pensador, seu pensamento deve ser investigado, não em razão dele, mas para descobrir o pensador. Ao tornar-se cônscio de cada pensamento-sentimento, seu criador, a fonte é revelada. Então, o criador e o criado são um só. A concentração não está direcionada à algo, o que apenas cria ilusão; ela é concentração em si mesma. O pensador deixa de criar, e, portanto, há uma completa e absoluta quietude. É o silêncio da realização. É o ser, é o atemporal, o eterno.

Capítulo 61

O conflito entre o instinto e o condicionamento

K. J. queria saber por que, a partir de certo período de sua vida, havia sido guiada por uma voz interior. Durante muitos anos essa voz havia alterado e moldado completamente o curso de sua vida. A voz lhe havia dito que viesse me ver. K. J. se tornara dependente dela para todos os seus pensamentos e ações, então, obedecera. A voz lhe havia dito que pararia depois que ela viesse falar comigo, e ela esteve aqui antes; a voz estava calada agora. Que voz era essa? Era real? Era uma entidade superior que havia se apoderado dela? Por que havia esse dualismo nela?

Acaso esse dualismo não está em quase todo mundo? Podemos utilizar termos diferentes, rótulos diferentes – o eu superior e o inferior, o bom e o ruim, o real e o falso etc. –, mas, na essência, é o conflito dos opostos. Tal conflito assume diferentes formas e cria diferentes peculiaridades e tendências: o conflito entre o instinto e o condicionamento, entre o inato e o adquirido, entre o interno e o externo. É um conflito doloroso, desintegrador, e deve ser resolvido, porque, do contrário, não haverá paz, não haverá felicidade criadora. O interior faz insinuações por meio dos sonhos, das advertências, das vozes, dependendo da intensidade da crise. As vozes, os sonhos, as insinuações estão fora de nós. Somos os opostos: somos o externo e o interno, o condicionamento e o instinto etc. Gostamos de nos enganar pensando que a voz é de uma entidade superior. Isso nos deixa engrandecidos e nos dá importância, mas o problema central do conflito continua sendo o mesmo. Devemos nos preocupar com isso e não nos apegarmos a nenhuma ilusão recompensadora. Não deve haver dependência desta, pois isso gera medo, falta de autoconfiança verdadeira, que não é agressividade nem ambição competitiva.

A maioria de nós, quando está alerta, tem consciência do bom através do mau. Instintivamente "sabemos", "algo nos diz", mas o condicionamento, o exterior, é clamoroso e exigente demais. Nós nos rendemos a ele. Criamos o exterior – o condicionado – com nosso desregramento, agressividade e ignorância, como também criamos o interior – o instinto. Somos o pensador e o pensamento. Gostamos de nos identificar com um e negar o outro. Essa identificação e essa negação impedem a compreensão do conflito. Devemos compreender a complexa engrenagem do pensador e de seu pensamento. São separados? Por meio da investigação sobre o pensamento, acaso o pensador não se revela? Essa complexa maquinaria não é tanto o pensador quanto seu pensamento? Sem um, o outro não existe. A maquinaria toda é o ego, o pensador e seu pensamento, o eu superior e o inferior, as incontáveis divisões e subdivisões. Enquanto existir o ego, o resultado do desejo no passado e no presente, deve existir o dualismo, o "eu" e o "não eu", o conflito dos opostos. Essa vontade assume muitas formas, sutis e óbvias: através dos sentidos, no materialismo ou na prosperidade, e na continuidade individual.

Por meio da vigilância constante de cada pensamento-sentimento, por meio do pensar e sentir, da vontade e seu conflito sempre ardente chegam a um fim. A identificação – aprovação ou negação – impede a integridade do pensamento. É somente na integração do pensamento-sentimento que nos libertamos do anseio. Só então há contentamento e paz.

Capítulo 62

Entre a consciência e a distração

K. L. deplorava sua fraqueza. Disse que não conseguia manter sua intenção de permanecer cônscio; ficava atento durante um tempo, mas depois se deixava distrair, dispersar. Estava desgostoso consigo mesmo porque estava assim fazia algum tempo, disse ele. Cada vez que estava atento sabia que também haveria um período de distração, de desintegração. Devia ter alguma deficiência, acrescentou com tristeza.

Essa constante contração e expansão, integração e desintegração é ineficaz, provoca insensibilidade na mente e no coração. O esforço, e depois a dissipação, enfraquecem a estrutura de uma compreensão sustentada; nesse processo ineficiente perde-se a necessária flexibilidade mental. Assim como aqueles que vão de uma excitação a outra, de uma recompensa a outra, de uma dita inspiração espiritual a outra, perdem sua capacidade de plasticidade; assim, o conflito constante, com seu desperdício entre períodos de consciência e distração, causa exaustão e confusão. Ele sabia disso. Isso embota a percepção e a faculdade de compreensão.

A percepção não é um hábito a ser cultivado; ela nasce da compreensão das causas que tornam a mente e o coração embotados, ignorantes. O hábito simplesmente dá continuidade à irreflexão, e a mera determinação de ser atento tem pouco valor. Assim como você não pode ser saudável comendo alimentos errados, não há inteligência quando a mente está cheia de pensamentos estúpidos. Quando entendemos eliminamos esses pensamentos-sentimentos pequenos e estúpidos, a inteligência aguçada desperta. Através da investigação, observando as distrações, tomando-se cônscio delas, ele descobrirá que começam a perder sua atratividade não pelo processo de exclusão ou negação, mas pela compreensão. A compreensão é a sua própria recompensa. Depender do estímulo de outros ou das circunstâncias para tornar-se perceptivo logo se torna inútil, porque a percepção não nasce de nenhuma condição externa ou estímulo, e sim do interesse despertado.

Ele disse que ficava muito interessado quando estava atento, mas logo perdia o ritmo.

É durante esses períodos de lentidão, de dispersão, que a pessoa deve se esforçar para estar plenamente atenta; é durante esses períodos que a inteligência deve ser despertada. A maioria das pessoas vive em oscilação, para cima e para baixo. Quando está nas alturas, há clareza e ordem; só quando está nas profundezas há confusão e luta, e é nessas profundezas que deve haver a percepção, que traz compreensão e liberdade. Fugir das profundezas é aumentar as distrações, mas observar e descobrir as causas das profundezas, dos vales, da confusão é trazer a clareza das alturas. Você não pode descobrir se condena ou deseja se livrar das profundezas; a identificação gera confusão e dor. Somente por meio da atenção sem julgamentos é que se cultiva a compreensão.

A indiferença – não sendo nem quente nem fria – é o preço da dispersão.

Capítulo 63

A mente se torna aquilo que possui

L. e M. eram recém-casados, e ele explicou que a esposa gostava muito de coisas materiais. Ele não ligava para isso, mas não podia persuadi-la a não se encher de objetos. Ela explicou que não via nada de errado nos bens materiais, que a faziam feliz. Certamente não era errado ser feliz, não é?

A mente se transforma naquilo que possui. Quando somos felizes com coisas, móveis, casas, quando nossa felicidade depende delas, estas logo se tornam parte de nós. Assim, nós somos os bens que possuímos. Que sentido profundo existe em possuir móveis, casas e coisas? Muito pouco, não é? Quando os pequenos valores preenchem nossa mente, ela se torna limitada, pequena, superficial. Alguns enchem sua mente e seu coração com coisas, outros com as experiências de relacionamentos com pessoas e outros com conhecimento, ideias, crenças, teorias etc. Cada um preenche a mente com alguma coisa, e assim, a mente-coração nunca estão livres para ser. Uma xícara é útil porque está vazia. Uma mente-coração que está cheia sempre será rasa, superficial; não há espaço para o ser criador, não há liberdade para a descoberta. A própria saturação da mente-coração gera sua aridez. Percebendo a pobreza, superficialmente ou interiormente, cada um tenta enriquecê-la preenchendo-a com coisas, com relacionamentos e atividades diversas, com conhecimento, princípios, ideologias etc. Quanto mais você enche essa pobreza, esse vazio, mais superficial, mais rasa, mais inútil torna-se a mente-coração. É possível um recipiente quebrado ser preenchido?

"Mas", disse ela com tristeza, "as pessoas sonham em ter uma linda casinha, não grande, mas própria; sonham com isso desde pequenas. Devem abrir mão disso?"

Se renunciar sem compreensão, sua mente, sendo ainda superficial, rasa, se encherá de outras coisas e permanecerá embotada e fechada. Você tem medo de abandonar seu sonho porque... o que tem no lugar dele? Uma dolorosa vacuidade ou o medo de sentir-se vazia. Mas, se observar esse vazio, essa ausência, sem ansiedade, dela sairão riquezas incalculáveis. O medo do desconhecido é o que faz que nos agarremos ao conhecido, e o conhecido logo se transforma em cinzas. Seu sonho é realizado, e então? A mente busca mais satisfação. E existe fim para a gratificação, para o desejo? Quanto mais se rende a ele, maior é sua demanda; como uma criança, ela cresce, mas traz ignorância e sofrimento. Não se pergunte se você deve desistir dessa busca, mas avalie o preço que paga por isso. O desejar gera inimizade e agressividade, conflitos e antagonismo, guerras e crueldade.

Há felicidade efêmera nas coisas, nos relacionamentos, no conhecimento. O transitório é doloroso, e somente na descoberta daquilo que não tem princípio nem fim ocorre a realização eterna.

Capítulo 64

Agressividade nos relacionamentos

M. N. disse que descobriu em seus relacionamentos, pensamentos e atividades que eram agressivos, quase violentos. Tentou controlar essa agressividade, mas ela aparecia sempre em formas diferentes. Acaso não era natural biologicamente e de outras maneiras, que o homem fosse agressivo? Acaso não estaria lutando contra algo inerente ao homem?

A agressividade de qualquer tipo conduz inevitavelmente à luta, à brutalidade, ao sofrimento. Vemos isso em nossos relacionamentos e no mundo que nos cerca. Agressividade e submissão são duas faces da mesma moeda. O desejo de poder, de dominar, gera conflitos e confusão, guerras e incalculável sofrimento. Para o indivíduo, para o grupo, para a nação. Tudo isso é bastante óbvio. Temos pouca percepção desse sofrimento e do preço que cada um de nós paga por ele, mas, de qualquer maneira, continuamos sendo agressivos, dominando, subjugando, buscando o poder. Pode ser inerente ao homem ser agressivo, dominar, mas conhecendo os terríveis resultados, não deveria ele abandonar isso, reeducar-se para ser bondoso, para ser compassivo? Não deveria, conhecendo as consequentes calamidades e desastres, arrancar pela raiz as causas que geram violência, agressividade e ignorância? A agressividade e a dominação conduzem a atividades estúpidas e violentas; não há paz nem felicidade criadora.

O desejo de se tornar é ser agressivo, e a natureza da agressividade é obcecante, incompreensível, individualista, o que conduz ao sofrimento. O desejo de ser alguém é o cúmulo da loucura, e sem tornar-se cônscio desse desejo em todas as suas múltiplas formas e transcendê-lo, haverá a constante atividade da ignorância e do sofrimento. Será que o desejo de ser alguém não gera conflito, agressividade, inveja? Será que a agressividade não conduz a atividades pouco inteligentes? Ou seja, aquilo que consideramos uma ação positiva é uma ação ignorante. Não há modificação da agressividade, não há saída dela exceto pela compreensão negativa. Aquilo que consideramos um pensar-sentir positivo, dominador e agressivo conduz à desordem, à confusão nos relacionamentos e suas variadas atividades; portanto, esse suposto pensamento-sentimento positivo nos trouxe sofrimento e dor. Agora, tenha percepção da agressividade, do tornar-se alguém, em todos as suas dimensões. Compreenda esse processo sem o desejo de encontrar substitutos ou de superá-lo. Observe e investigue seus efeitos na vida cotidiana, desapaixonadamente. E, se entender de maneira inteligente as implicações do vir a ser, de dominar – e você não pode compreender isso se não houver uma atenção sem escolha –, haverá o entendimento negativo. A compreensão negativa é a expressão maior do pensamento.

"Então", ele perguntou, "a agressividade não deve ser superada de imediato; deve ser investigada e gradualmente dissolvida, é isso?"

Por que está fazendo essa pergunta? O que há por trás dela? É devido ao desejo de "gostar" de ser agressivo e de prolongar esse "prazer", do qual se acaba abrindo mão? Sem dúvida, não é questão de tempo, de adiamento. Se você for perigosamente envenenado, não demore para buscar um antídoto. Mais uma vez, o mais importante é a intenção profunda de ser perceptivo à agressividade e seus efeitos, e não a gradação de sua dissolução. Se você plantar a semente da atenção, compreendendo espontaneamente a necessidade disso, ela dará seu fruto; o que não significa que depois de plantá-la possa negligenciá-la. A semente deve penetrar as muitas camadas da consciência para que todo o ser compreenda o significado do vir a ser, de dominar, da sede de poder. Quando esse desejo é compreendido profundamente – através de todas as camadas da consciência – e transcendido, então há paz.

Capítulo 65

O pensamento evidencia o pensador

N. O. explicou que durante muitos anos estudou psicologia e os livros sagrados das diversas religiões, e meditou. Estava cada vez mais confuso e investigava, como eu havia sugerido, o quadro que estava pintando: o quadro do desejo, do poder, da superioridade; um quadro complexo e contraditório. Ele tentara modificá-lo, dar-lhe uma profundidade e um ritmo diferentes, mas se deu conta de que estava mais confuso que nunca, fisicamente afetado. Esperava que houvesse algum aclaramento com o passar dos anos.

Eu o ouvi sem interrompê-lo, até que terminou. Ficamos em silêncio durante algum tempo.

O funcionamento de sua mente estava claro; ele tinha percepção de suas lutas.

Antes de pensar em modificar o quadro, não seria necessário compreender o pintor? Não estaria ele preocupado com a modificação, o embelezamento do quadro, e não com o pintor? Acaso o quadro não revela o pintor? Por meio do quadro não se descobre o pintor? O quadro é diferente do pintor? Não são o mesmo o quadro e o pintor? Sem compreender o pintor, como pode haver transformação da pintura?

"Mas", respondeu, "isso é o que venho tentando fazer."

Ele estava tentando mudar o quadro, dizíamos; estava mais preocupado com isso que com o pintor. Se ele se preocupasse com o pintor, sua confusão não teria surgido. Estando confuso, tentava resolver a confusão, e não aquele que a criou.

Ele estava confuso e preocupado, lutando para compreender.

De modo que eu disse: pense no que estamos dizendo sem identificar a si próprio com isso. Observe ali, como faria com essa montanha, com uma imparcialidade bondosa.

Ele respondeu que essa era uma de suas dificuldades – não se identificar, não julgar.

Se quiser entender o outro, você deve deixar de lado todos os seus preconceitos, opiniões, conclusões. Do mesmo modo, escute o que digo sem julgar, o que não significa que o deva aceitar. Escute em silêncio, sem concordar ou negar. Para transformar o pensamento, o pensador deve ser investigado e compreendido. O pensamento revela o pensador, o pensamento leva ao pensador. Você é o que são suas ações: você não é separado de suas ações. O pensador e seu pensamento são um só. Não compreender o pensador só cria mais confusão, mais embate no pensamento. A partir do exterior você deve caminhar para dentro. A placa de sinalização indica, e seria uma bobagem desperdiçar um segundo com ela; siga em direção do que é indicado. Você passou todo o tempo com o produto, e não com aquele que produz. Compreendendo o fazedor você transformará o produto, não o contrário.

Novamente ele aplicou isso a si próprio, recriminando, julgando.

Escute com uma mente serena; sinta o que estamos dizendo para encontrar a verdade. Não intelectualize meramente, isso não tem nenhum valor; mas descubra a verdade. Não se pode descobrir sem arar, mas como você lavrou e está confuso, permaneça sereno e silenciosamente obsserve. Como é difícil! Sua mente não está quieta para observar, para descobrir. Está se movendo a grande velocidade, e o ruído que faz está enchendo sua mente-coração. Não há nenhum canto que não esteja povoado. Compreenda a máquina, não seu ruído.

Sem autocompreensão, toda ação conduz à confusão e à ignorância. Sem autocompreensão há luta e sofrimento. Sem autocompreensão não há correto pensar, e sem correto pensar não há o alicerce para a descoberta da verdade.

O pensador e seus pensamentos devem findar para o atemporal acontecer.

Capítulo 66

Sentir-se em vez de raciocinar

O. e P. eram mãe e filha. Diziam que eram infelizes, confusas e totalmente dependentes uma da outra. A filha explicou que seguia a mãe em tudo que esta pensava e fazia; nunca havia lutado contra ela; aceitava-a. E agora, como a mãe estava confusa e completamente desnorteada, ela também estava. Como poderiam sair desse infortúnio?

Falaram de sua vida e lutas, e certamente estavam muito confusas.

Não devemos pensar com clareza sobre nossa existência cotidiana? Se não fizermos isso, como poderemos entender o maior, o mais simples? Nossa vida está cercada de muitas dificuldades; ouvimos muitas coisas contraditórias e confusas. Se dependermos disso, seremos como uma folha soprada ao vento, um joguete nas mãos das circunstâncias. É difícil pensar-sentir as coisas. Ninguém nos ajudará; pelo contrário, nos impedirá, porque o que o outro pensa-sente é claramente muito perturbador. Nós mesmos não desejamos ser incomodados.

Sim, disse a filha, era por isso que ela seguia a mãe cegamente, irrefletidamente.

A falta de reflexão conduz à confusão e ao sofrimento, não é verdade? É necessário ser reflexivo, mas não se preocupar com os efeitos da ausência de bom senso. Para serem ponderadas, avaliem ampla e profundamente qualquer problema que surja. Não tomem partido, mergulhem o máximo que puderem; descubram quais os motivos, as tendências, os padrões e as opiniões as impedem de pensar, de sentir o mais ampla e profundamente possível. Assim provocarão ordem e clareza.

"Por favor, ajude-nos a pensar sobre o morticínio. Nós havíamos parado de comer carne, mas agora voltamos a comer. Éramos contra a guerra, e agora parece que somos a favor."

Para pensar-sentir claramente devemos ser muito honestos conosco; não devemos esconder nada de nós mesmos. Não deve haver pretensões. Parece que vocês têm honestidade de pensamento, e isso é um bom começo. Matamos animais para comer, especialmente porque somos escravos da tradição; a tradição determina e nós a seguimos. Vocês podem gostar de carne, mas isso também foi cultivado. Estão acostumadas, e a exigem. Sua religião e sua sociedade a aprovam, seu apetite a aceitam bem. Para um homem criado de outra maneira, comer carne é uma abominação. Matar animais implica crueldade e, quando a crueldade é cultivada, o passo seguinte é ser cruel com o homem, matar o homem. Se vocês admitem uma forma de crueldade, vão aprová-la ou justificá-la em outras formas. Vocês podem dizer que temos que viver e que, para viver, temos que matar de uma forma ou de outra. Mas se cultivarmos a não-crueldade, encontraremos nossa resposta; não mataremos pelo prazer de comer ou em benefício da saúde. Há nutrição adequada nos vegetais, no leite e em outros alimentos.

A crueldade é o problema central; a crueldade embota a mente-coração, torna-a insensível. Gera ódio e estupidez. Pisa no amor e na compassividade, que são os únicos fatores purificadores verdadeiros na vida. Se entenderem o problema da crueldade, vocês não abandonarão a carne por um tempo e a retomarão, como imaginam ou como seu médico diz, em benefício da saúde.

Justifica-se matar outro ser humano em algum momento? Matar o outro é assassinato punido por lei. Mas matar por seu país, por seu rei, por sua ideologia, por seu Deus, é honrado. Matar seu irmão num determinado momento é errado, cruel, e em outro momento é correto e honroso? Não é sempre mal, injusto matar? O fim justifica os meios? Não são os meios que criam o fim? Não devemos utilizar os meios corretos para os fins corretos? O assassinato em massa, a guerra, são os meios adequados para um mundo pacífico e feliz? Se você e eu formos amigos e bondosos, será que nos insultaremos, enganaremos, oprimiremos, exploraremos mutuamente? Se quisermos ser amigos, nós eliminaremos todas as causas que engendram inimizade entre nós. A bondade, a compaixão, são essenciais; não as bombas e os lança-chamas. Porém, utilizamos temerosas máquinas de destruição esperando trazer ordem, paz e felicidade ao homem. São esses os meios corretos ou o amor, a compaixão e a bondade? Será que a violência, em qualquer forma, é precursora da paz?

Não se sintam intimidadas pela propaganda, pela inteligência dos intelectuais, pela ignorância e opinião das massas; pensem e sintam por si mesmas se os meios corretos não devem ser usados para fins corretos. Não se deixem enredar por suposições, teorias e supostos fatos. Sintam, em vez de serem racionais; pensem, em vez de serem superficiais.

Somos todos um, mesmo tendo cores, costumes e deuses diferentes. Se vocês forem cruéis e gananciosas, invejosas e à mercê dos sentidos, afetarão o todo. Se forem gentis e generosas, indulgentes e compassivas, trarão ordem e paz. O mundo é o que vocês são. Não pensem que porque não são ilustres, poderosas, não podem fazer nada; se forem ilustres e poderosas, criarão sofrimento e maldade. É a humildade, e não o poder, que transforma. É o amor, não o desejo, que traz ordem e claridade.

A aceitação da autoridade conduz à confusão e ao sofrimento. A autoridade gera medo, e com o medo há dependência. A dependência destrói o amor.

Capítulo 67

Aprendendo por meio de jogos de guerra a linguagem da matança

P. R. disse que gostaria de falar sobre os efeitos do ambiente. Explicou que tinha dois filhos, que, com o cinema, os jornais, as rádios e a escola, estavam aprendendo a linguagem do ódio e da matança. Os brinquedos eram metralhadoras e tanques; as brincadeiras, a guerra. Ele e a esposa tentaram neutralizar isso falando de afeto e responsabilidade. Acaso os seres humanos não eram fruto do ambiente? Não se deveria mudar o ambiente para criar um mundo feliz e saudável?

É possível neutralizar o mal ou o mal deve ser compreendido e erradicado? Pode o bem neutralizar o mal? A terminologia de ódio e matança, os jogos de guerra e seu jargão, não estariam mergulhando nas camadas ocultas da consciência? E, tendo se arraigado ali, poderiam ser arrancados e substituídos pelas raízes do afeto, da responsabilidade? As raízes do afeto e do ódio jazem juntas, enfrentando-se, respondendo de acordo com as circunstâncias. Quando as pessoas são chamadas à luta, há uma resposta das camadas da consciência, de seus jogos infantis e impressões de guerra, ódio e emoção; isso é o que responde, com outros fatores de fuga. Cada camada de consciência responde segundo seu conteúdo. Aquilo que aprendemos na infância está incorporado em uma das camadas da consciência e responde quando solicitado. Um outra camada de afeto e responsabilidade pode se sobrepor, cobri-la, mas a camada de ódio, dos jogos de guerra etc. continua ali. Não pode ser neutralizada; deve ser erradicada ou jamais introduzida na consciência. Erradicá-la requer compreensão consciente, profunda percepção. Não ser contaminado é o melhor.

"Mas", respondeu o pai, "falar com os filhos sobre as coisas absurdas e cruéis da guerra os tornará diferentes. Eles não se darão bem com outras crianças; serão condenados ao ostracismo."

Se não estiver disposto a pagar o preço de mandá-los a uma escola onde a guerra e seus jogos não sejam tolerados de modo inteligente, ou a assumir o risco de torná-los singulares, você os estará preparando e instigando para a próxima guerra. Não há meio-termo: ou você quer as terríveis catástrofes da guerra ou não quer. Se não quiser, deve estar disposto com todo o coração a educá-los para que vivam com compaixão, com tolerância, sem competição, sem ganância, e não a educá-los para que morram, para que matem.

Qual é o fim do homem? O final decidirá até que ponto o ambiente é útil e necessário. Se o fim do homem é se transformar em uma entidade dócil, social e bem-comportada, em um "bom" cidadão do mundo, adequar-se a um padrão etc., então o ambiente "correto" se torna uma necessidade. É determinado pelas autoridades, pelos especialistas, e o homem se torna uma simples engrenagem em uma máquina perfeita. Estará ele contente com isso ou haverá um fator maior que destruirá a máquina perfeita?

Enquanto não descobrirmos qual é a verdadeira finalidade do homem, o ambiente deve ter uma importância secundária, uma vez que o fim dará forma aos meios. O fim do homem é encontrar o eterno, o real, ser criador no atemporal. Porque, sem isso, tornar-se um cidadão "bom", não antissocial, é uma mera conveniência, um mero utilitarismo, e o que é útil para si mesmo não tem sentido. Uma máquina não é útil para si mesma, e sim para aquilo para o que é usada. Pode o ambiente ser usado para moldar o homem? Que forma devemos lhe dar? Se o homem for transformado em um "bom" cidadão, com todas as suas implicações, o fim não será a finalidade última, e sim o imediato, e o imediato não tem sentido.

O imediato está relacionado ao passado, e o passado se condiciona por aquilo a que se dirige. O imediato não tem valor sem o fim maior; e se o fim é feito pelo homem, deixa de ser eterno, porque o homem está buscando o que é útil para si mesmo. O que é útil não é o eterno. Ele ficará enredado na oscilação de nascimento e morte, da existência.

A existência não é um fim em si: é um meio para alcançar um fim. Tal fim deve ser descoberto ou moldado pelo homem? Se for moldado pelo homem não será real, porque o homem em si não é um fim, e sim um meio. O meio contém o fim, mas não é o fim de fato. O fim deve ser descoberto por cada um. Para o descobrirmos, é necessário haver liberdade, não um condicionamento, bom ou ruim. A consciência pode se adaptar a qualquer condicionamento, mas só quando somos livres podemos descobrir o que é real. Não seria a liberdade um princípio, e não um mero fim? O condicionamento é necessário para a liberdade? O pensamento não deveria se libertar do condicionamento a fim de ser livre para descobrir o real? O fator condicionante é o ambiente, que é autocriado, e é o ego que sempre aprisiona a consciência, o pensamento-sentimento. O ego cria a escravidão, o ambiente onde se mantém; mas não deveria voluntariamente parar de criar para que ocorresse a libertação, na qual existisse o real?

Será o fim do ego o resultado de seu próprio esforço, de seu próprio anseio ou mandamento, que só traz consigo uma mudança, uma modificação de si mesmo? Ou é o resultado de uma profunda percepção e compreensão da causa do ego? Essa percepção, essa compreensão, depende das circunstâncias? As circunstâncias podem ajudar, mas a percepção não depende do exterior. Depender do exterior é escravizar o pensamento-sentimento, o interior. Sendo escravizados, sendo dependentes, o pensamento-sentimento requer a transformação do exterior, das circunstâncias; e, assim, permanecem sempre enclausurados, prisioneiros. O homem sábio, compreendendo isso, é indiferente às circunstâncias; não depende delas para sua libertação, para sua percepção, para sua compreensão. Busca libertar-se do anseio desde o início, porque o desejo, em suas múltiplas formas, traz ignorância e sofrimento; é a origem de toda escravidão. O anseio, que se expressa por meio do campo dos sentidos, do campo material, da fama pessoal e da ideia da imortalidade, deve ser dissolvido, não pelas circunstâncias externas, e sim pela autopercepção e pela autocompreensão; pelo correto pensar e compreender. Na libertação do anseio o eterno se manifesta.

Capítulo 68

Escapando por meio do ideal e da insensibilidade

Q. R. explicou que há dez anos era um idealista em conflito, isolado, incomodado, dentro de sua própria carapaça, ansioso e temeroso; e agora estava na metade da vida, adaptando-se, animado, em um conflito que o mantinha vivo. Talvez estivesse perdendo a sensibilidade, mas agora não tinha medo e estava confiante. Era ruim para ele estar nesse estado?

O estado de dez anos antes era mais válido que o presente? Ele estava descontente, buscando, talvez sem proveito, mas buscando. Não era antes mais sensível, mais alerta que agora? Não seria a sensibilidade, o estado de alerta, algo essencial para descobrir o real? O coração e a mente não devem estar dispostos, vigorosos e flexíveis? Será que o atrito, o conflito, mantém a mente e o coração flexíveis? Sem compreensão, o conflito desgasta a mente-coração; pode estimular momentaneamente, dando-nos uma sensação de estarmos vivos, mas oblitera a mente-coração. Todo estímulo acaba tornando a mente lenta, ausente de bom senso, criando hábitos.

O mundo e seus conflitos, que nós mesmos criamos, devem ser compreendidos por meio de nós. O agente e sua ação não são separados; são um: a ação revela o agente. Somos o mundo, e o mundo é feito de nós. Se não nos compreendermos haverá medo, fugas, escudos idealistas de discriminação, confusão. Se não nos entendermos, o estímulo do conflito, embora atraente, se transforma em um narcótico; nisso não há uma adequação profunda, e sim um acordo superficial de conveniência. Depender do ambiente para o cultivo da mente-coração é torná-la insensível, superficial e inútil.

O pensamento deve parar de fugir por meio do idealismo e da insensibilidade. Ambos são amarras e só podem ser transcendidos com a compreensão do processo e das causas dos bloqueios. Com atenção constante há compreensão das tramas do ego; essa compreensão alimenta o correto pensar. Não se pode produzir o correto pensar: ele vem mediante uma percepção mais ampla e profunda. É o fundamento da estrutura da moralidade de fato, da nossa libertação do anseio. O fluxo da percepção conduz aos profundos e silenciosos campos da sabedoria.

Capítulo 69

Sua mente sobrecarregada

R. S. disse que estava dividida entre tantos desejos contraditórios, arrastada de cá para lá. Pensava que era capaz de quietude, mas não tinha certeza. Estava perturbada pela futilidade da vida e pelo peso constante da maior estupidez: a guerra. Queria falar sobre seu estado de distração.

Conversamos durante um tempo considerável; ela explicou suas dificuldades e provações. Perguntei: seu problema não é a confusão? Você está distraída, distante, porque não há ordem nem clareza. Acaso não está em conflito, e esse conflito interminável a deixa cansada e sentindo-se inútil?

"Sim", respondeu ela, "receio que sim".

Sem compreensão, o conflito se torna cansativo e confuso. Enquanto não se esclarece a confusão, o conflito só irá gerar mais confusão. A confusão existe porque não sabemos como criar ordem. Nosso problema, então, é como gerar ordem, e não como esclarecer a confusão; criando ordem a confusão cessa; ou seja, reavalie seu relacionamento com cada conflito à medida que ele surja, para encontrar sua resposta para cada conflito. Estudar suas respostas é muito mais importante que estudar os incidentes do conflito, uma vez que essas respostas indicarão a possibilidade de uma verdadeira avaliação. Assim, torne-se cônscia de seus relacionamentos, de sua resposta interna a cada conflito, por mais trivial que seja, e redescubra o valor que atribui a cada um. A avaliação completa não é feita de imediato, mas à medida que a pessoa observa e se torna profundamente atenta, começa a descobrir o significado completo de cada conflito. Assim, da confusão nascerá a ordem.

Imagine que você tem uma gaveta cheia de cartas. Você as organiza lendo cada uma e descobrindo sua reação a elas; rasga-as ou as guarda. Então, leia todas as cartas, guardando umas e destruindo outras. Depois de um tempo, examine outra vez o que guardou, e outra vez destrua algumas. Assim haverá espaço e ordem na gaveta. Uma gaveta é útil porque está vazia. Da mesma maneira, uma mente é "útil" porque há espaços vazios nela; não está lotada e bagunçada.

Se me permite dizer, sua mente está supercarregada; não há espaço, não há quietude em parte alguma. Por isso a confusão, as distrações e o cansaço. A mente se torna "útil" só quando tem profundos e amplos espaços de quietude, porque só então pode haver a atemporal criação. A ordem gera espaço, e não pode haver ordem sem a verdadeira investigação de cada conflito. Este se repetirá se você não fizer uma verdadeira avaliação, e então a desordem e a confusão continuarão. Assim como depois que você escreve e envia uma carta sua mente não se concentra mais nela, faça um verdadeiro exame de um conflito e ele não retornará novamente. Assim como quando você não termina uma carta sua mente volta a ela o tempo todo, um pensamento não realizado ou um conflito errado ou incompletamente analisado voltará sempre. São esses pensamentos incompletos, essas memórias repetitivas que desorganizam a mente, obscurecendo-a e superlotando-a. Não tente forçá-los a sair da mente-coração, mas, à cada pensamento-sentimento que surja, à cada memória repetitiva que venha à tona, por mais trivial e estúpida que seja, torne-se cônscia dela, examine-a, investigue-a, compreenda-a. Essa compreensão não será possível se você se identificar com ele, se o julgar. Esteja atenta sem julgar, e à medida que você se torna mais e mais perceptiva, significativa e profundamente, o pensamento-sentimento se torna completo, a memória expandida e abrangente, não individualista mas ampla. Assim, com uma reavaliação contínua e ampla a mente-coração se torna tranquila; ocorre a suprema sabedoria, há o vazio criador.

Capítulo 70

Pensar é sentir medo

S. T. explicou que lera algo que eu havia escrito e ficara refletindo, mas que encontrara uma barreira dentro de si, uma rocha contra a qual nada podia fazer. Havia batido a cabeça na pedra durante algum tempo, sem conseguir quebrá-la nem ir além dela. Estava desesperado. Queria falar disso, e talvez pudéssemos encontrar um jeito de derrubar essa barreira do autoisolamento.

Ele era um homem sério, um intelectual, cheio de si com seus conceitos e conclusões, que se revelavam em momentos estranhos. Não tinha consciência deles, mas, pouco a pouco, na medida em conversávamos percebeu-os, e no mesmo instante quis racionalizá-los. Ele estava impaciente por um resultado, e salientamos que a sabedoria não reside no final; que vai sendo reunida ao longo do caminho. Para reunir sabedoria é preciso deixar de lado o fim, o resultado. Paciência é necessária, não o anseio por um resultado. A percepção passiva ajuda a descobrir as causas que contribuem para a formação dos muros do auto-isolamento. Paciência não é uma virtude a ser cultivada, mas, sem ela, a compreensão é difícil. Paciência não se ganha com o tempo, mas é para ser profundamente percebida no presente. Sem racionalizar, sem justificar a impaciência, fique quieto agora por um momento para experienciar a paciência. Quando houver experienciado a necessidade desta, ela será implantada na mente para sempre.

Será que não é necessário entender o pensador, o fazedor, o agente? Porque seus pensamentos, suas obras e seus atos não podem ser separados e estudados. O pensador é o pensamento, o fazedor é o fato, o agente é o ato. Do pensamento se revela o pensador. Por meio de suas ações, o pensador, cria o bom e o ruim, e é acorrentado por eles. O pensador cria seu sofrimento, sua ignorância, sua luta. O pintor pinta o quadro, esse quadro de efêmera felicidade, de sofrimento, de confusão. Por que pinta esse quadro tão doloroso? Esse é o problema que deve ser investigado, compreendido e dissolvido. Por que o pensador pensa seus pensamentos, dos quais fluem todas as ações? Esse é, certamente, o muro de pedras contra o qual ele anda batendo a cabeça. Se o pensador puder transcender a si mesmo, todo conflito acabará. Para transcender ele deve se compreender. Aquilo que se conhece e se compreende, que é preenchido e realizado, não se repete. É a repetição que dá continuidade ao pensador. Por que o pintor pinta esse quadro tão doloroso? Há algumas causas principais, e uma delas é o hábito.

Pelo hábito, pela repetição, pela cópia, o pensador pensa seus pensamentos, os quais geram ignorância e tristeza. Será que o hábito não é um ato irrefletido? A atenção traz ordem, mas o hábito não. As tendências estabelecidas provocam a ausência de reflexão. Por que ele é tão impensado? Pensar é doloroso, causa distúrbios, gera contradição, pode mudar os caminhos, que podem ir contra o padrão estabelecido. Pensar-sentir, ter percepção, pode levar a profundezas desconhecidas, e a mente se rebela contra o desconhecido. Assim ela se move do conhecido ao conhecido, de um hábito a outro, de um padrão a outro. Essa mente nunca abandona o conhecido para descobrir o desconhecido. Percebendo a dor do pensamento, através da cópia, através do hábito, o pensador não atua de modo ponderado. Pensar é ter medo, então, ele cria padrões de irreflexão. Se o pensador tem medo, então suas ações são de medo. Ele observa suas ações e tenta mudá-las, teme suas próprias criações, mas o feito é o fazedor. Portanto o pensador tem medo dele próprio. O pensador é o próprio medo, o pensador é a causa da ignorância, do sofrimento. O pensador pode se dividir em muitas categorias de pensamento, mas o pensamento é o pensador. O pensador com seus esforços para existir, para se tornar algo, é a própria causa do conflito e da confusão. O próprio pensador é a ignorância e o sofrimento.

"Então", perguntou ele, "como vou transcender, ir além de mim mesmo?"

Senhor, sua mente não está silenciosa o suficiente para observar o problema, mesmo assim você quer ir além dele antes de o haver compreendido. Quando lido corretamente, refletidamente, com o problema ele contém a resposta. Mais uma vez, se nos permite dizer, existe impaciência, e a ânsia por um resultado não é a resposta.

Como dissemos, o pensador é a própria ignorância, o próprio sofrimento, o próprio medo. Isso faz algum sentido para o senhor? Aparentemente não, porque está preocupado somente em ultrapassar essa questão. Como pode o pensador ir além de si mesmo se ele próprio é ignorante? Ele deve deixar de ser ignorante. Ignorância e ódio nunca podem se transformar em iluminação e amor. A ignorância e o sofrimento devem deixar de existir.

"Como farei para destruí-las?"

Novamente, seu pensamento está focado em um resultado, na conquista, em livrar-se de algo para ganhar alguma coisa. Agora, por favor, escute. Por acaso não sentiu o impacto da percepção de que o pensador, o "você", é o próprio veneno, que tudo que ele quiser e fizer estará envenenado? Por que não sente o impacto desta percepção? Porque não acha que o pensador, o "você", é o veneno, ou porque está entorpecido. Você concordou desde o começo que o pensador é o pensamento, que eles não são separados, que existem juntos. Se ao ver essa montanha você não responde à sua beleza, e você percebe que não o faz, tal percepção lhe causaria um impacto, ou não? Analogamente, quando percebe que o próprio pensador é a ignorância, você não se surpreende por isso: passa para outras coisas. Você se tornou à prova de choque devido às suas razões, explicações, decisões, conclusões. Seu intelecto construiu muros de autoproteção contra toda descoberta e espontaneidade, contra a liberdade e a compreensão. O intelecto nunca encontrará a resposta. Mas, se você se permitir indagar a fundo por que não se surpreende com o pensamento de que o pensador é o sofrimento, então romperá os muros do auto-isolamento. Se vivenciar essa dormência insensível do intelecto e não escapar dela, verá que a rocha contra a qual andou batendo a cabeça se derreterá. Mas você tornou-se insensível e não se permite perceber isso, sentir isso. E somente quando for sacudido pela realidade ao fato – a realidade da insensibilidade – é que haverá o começo do cessação do pensador e do pensamento. Só então ocorrerá a insinuação do eterno.

Capítulo 71

As duas maneiras de aceitar o sofrimento

T. U. explicou que não estava satisfeita com as explicações que lhe haviam dado sobre seu filho. Ele foi morto na guerra; quando soube do fato, ela se desesperou. Em seu desespero, procurou alguns clarividentes, que lhe deram mensagens escritas de seu filho dizendo que estava feliz etc. Depois, foi a sessões de espiritismo, onde o filho parecia se manifestar, mas ela não encontrou a felicidade. A seguir, ficou passando de um grupo religioso a outro. Estudou reencarnação e fez parte de uma sociedade que disseminava essa teoria. Mas em nada disso encontrou conforto. E acrescentou, com tristeza, que os políticos só se preocupavam com votos e canhões de guerra. Disse que estava cansada desse sofrimento e perguntou se havia alguma forma de compreender a morte.

Havia compreensão no conforto que ela buscava? Será que o desejo de consolo não torna o sofrimento superficial? O conforto, o consolo, dissipa o sofrimento e deixa em seu lugar cinzas vazias. Suas andanças em busca de consolo estavam desperdiçando a energia do sofrimento. O sofrimento é uma indicação, e não algo do qual nos livrarmos. Ela havia vagado de um grupo a outro em busca de explicações e, assim, estava desperdiçando a energia mental e emocional necessária para a compreensão da dor.

Aquilo que inventamos chega a um fim. Somos um resultado, e não o fim. O resultado deve ser sempre levado no fluxo, no impermanente. Não há nada de permanente naquilo que é inventado, e o que não se destrói está além do transitório. A morte e o nascimento formam uma corrente sem fim que se partirá quando quisermos; está em nosso poder jogá-la fora a qualquer momento e realizar o eterno, o atemporal.

Para essa realização todos os nossos pensamentos e energias são necessários. Não devem ser dissipados. A busca pelo conforto embota e dispersa o pensamento-sentimento em explicações e opiniões vazias. Será que ela diminuiu seu sofrimento através desse desperdício? Se seu desejo é sofrer menos, então ela está buscando um anestesiante, e inevitavelmente o encontrará de um jeito ou de outro, em uma fuga ou outra. Mas isso não traz nenhuma solução para o problema de sua dor, a dor de todos os que conhecem a morte. As explicações, teorias, crenças e opiniões dão um satisfação passageira, a qual distrai o pensamento-sentimento das riquezas que o sofrimento revela. Sem buscar consolo, sem buscar uma retribuição passageira, vivendo com o sofrimento e o "aceitando", deixando de lado a fácil tentação do intelecto, ela verá que esse mesmo sofrimento, esse mesmo doloroso vazio trará suas riquezas inperecíveis.

Certamente, há duas maneiras de "aceitar": a "aceitação" que conduz à degeneração e a "aceitação" que conduz à transformação. Aceitar sem o pensar, com o intelecto, com a simples racionalidade – tal aceitação, é sucumbir, degenerar. Aceitar porque se compreende das explicações vazias do intelecto, da singularidade de todo o sofrimento, porque se permite que o sofrimento dê orientação, dê o sentido de sua própria existência; tal aceitação transforma o sofrimento em riquezas incalculáveis. Assim como um prisioneiro aceita sua posição para sua transformação – ou irrefletidamente se rebela, provocando sua degeneração –, a correta aceitação da dor traz sua recompensa. Você deve viver com ela não de forma mórbida, não em autopiedade, não em isolamento, não em ressentimento. Devemos viver com ela como o faríamos com um animal perigoso, vigiando-o sempre, tentando compreender seus modos, suas intenções, seguindo-o com uma percepção alerta, estando aberta aos seus sinais. Isso requer grande flexibilidade, que é negada quando o pensamento-sentimento está ancorado à uma crença, uma teoria, uma experiência, uma memória. É essa simples e incontestável flexibilidade da mente e do coração que traz paz e contentamento, amor e compreensão.

T. U. replicou que havia vivido com seu sofrimento durante muitos meses e que estava ficando cansada e embotada.

Será que esse cansaço e embotamento não significam o desejo de se libertar do sofrimento, de se desfazer dele? Ela estava esgotando seus pensamentos-sentimentos na busca de consolo, o que ocasiona irreflexão, sufocando seus sentimentos. O consolo é um veneno sutil que deve ser evitado por aquele que quer compreender e transcender o sofrimento.

T. U. ficou calada por muito tempo, até que quebrou o silêncio, dizendo que havia tido um vislumbre de esperança, não conforto, nisso que estávamos falando, e talvez pudesse sair desse confuso sofrimento.

O sofrimento, quando lhe permitimos amadurecer, encontra sua própria liberação.

Capítulo 72

O intelecto astuto e prevenido

U. V. disse que se encontrou fazendo ou dizendo algo que sabia não ser seu verdadeiro pensamento. Ela sabia por que respondia falsamente, porém, acontecia repetidas vezes. Estava bem atenta das causas que a faziam reagir contrariamente aos seus próprios pensamentos e sentimentos, mas as circunstâncias atraíam a contradição.

Ela nos contou um pouco de sua vida.

Toda existência é dolorosa. Como tantos, será que ela não havia desenvolvido demais seu intelecto? Ela vivia e se movia à sombra dele. Não estava sempre observando, cobiçando, modelando, calculando? Sabia as explicações de seus próprios questionamentos, seu intelecto era bem resguardado. Como ela disse, sabia por que reagia falsamente; possuía explicações para suas próprias deficiências. Havia se analisado e se conhecia.

Esse conhecimento de si mesma estava armazenado pelo intelecto. O intelecto é que havia se desenvolvido e compilado.

A educação excessiva da parte conduz ao superficial, à astúcia, e quando a parte é fortalecida e sustentada, existe contenção, oposição, antagonismo. A parte só pode dar uma resposta parcial, portanto, não uma resposta completa, verdadeira. A parte não é a totalidade, a parte não leva ao todo. Só quando a parte perde sua importância que se vê o todo. A adoração da parte destrói o conjunto, a adoração da parte é idolatria.

O excesso de estímulo e de educação do intelecto leva a um astuto embotamento, a uma carapaça que se autoprotege, que deve ser quebrada ao ocorrer a compreensão. É esse intelecto astuto e precavido, com suas conclusões, análises e conhecimento prévio, que a impede de sua própria libertação. U. V. havia se tornado embotada, insensível devido a uma constante análise intelectual de suas contradições – toda análise é somente parcial e bastante intelectual. Desse modo, quando existe uma reação falsa, ela é analisada, sem permitir a U. V. a surpreendente realização. Tendo ficado insensível, embotada, ela deve agora, no estado de silêncio, ficar plenamente atenta à tagarelice do intelecto. Essa percepção silenciosa de cada sussurro do intelecto causará o surgimento do estado de alerta do intelecto sem suas tagarelices. Desse modo, a sensibilidade é estabelecida e com ela vem o impacto, a percepção da futilidade, da inutilidade do conflito dos contrários.

Assim como o cansaço e a apatia se estabeleceram depois de uma contínua apreciação da beleza, também o intelecto excessivamente educado e estimulado embota a faculdade de compreensão. Assim seu problema, se nos permite apontar, não é pôr fim à própria contradição de seus pensamentos-sentimentos, mas sim como se tornar sensível, atenta ao desperdício de uma vida que é dispendida na contradição. A racionalidade se cansou; então, dê um descanso ao intelecto. Sinta, em vez de explicar a contradição; viva com ela de modo inteligente, com sentimento. Observe silenciosamente a contradição; não se identifique, não a justifique, mas torne-se atenta à sua totalidade. Nessa percepção silenciosa nasce a compreensão e a integração. Deixe a semente da atenção produza seu fruto.

Capítulo 73

Uma família para preencher seu vazio

V. W. disse que tinha um problema imediato a resolver. Era muito apegada à família, um tanto possessiva, não em relação à vida ou às ideias deles, mas sim à sua companhia. Buscava se libertar daquela situação, explicou. Os mestres religiosos lhe disseram que devia cortar todos os laços com a família. Ela tentara se afastar, mas fora extremamente difícil. Será que deveria estar completamente desapegada para encontrar Deus?

Perguntei por que ela buscava o desapego. Era porque lhe haviam ensinado isso? Buscava o desapego por uma recompensa prometida? Qual era a razão de sua luta para se desapegar? A autoridade de outro a havia persuadido?

Ela achava que sim, respondeu.

Então, não buscava o desapego por compreensão, mas porque a autoridade da tradição a obrigava a um ato no qual ela não tinha nenhum interesse fundamental. Ela estava mais interessada no resultado que nos meios. Será que os meios não criam o fim? Se ela não entendia o significado do desapego para si mesma, que valor ele teria? Certamente, nenhum. Se era uma seguidora cega, então a cegueira a conduziria.

Não, respondeu ela, não era uma seguidora cega, mas sentia que devia se desapegar. Seu atual mestre insistia nisso, mas ela não sabia qual era o significado mais profundo. "Sim", continuou ela depois de pensar, "suponho que estou seguindo às cegas". Por que ela sentia que devia se afastar da família? Por que era apegada à família? Não era porque se sentia desesperadamente sozinha em um mundo estranho e sem consolo?

"Sim", disse ela, "pensei que era apegada por causa do espírito único que existe em todos nós, mas agora percebo o por quê".

Você sente que a família a compreenderá melhor que os outros, que pode estar com eles do jeito que é, sem grande resistência, sem fingimento e sem lutas inúteis. É apegada porque precisa deles. Essa necessidade você chama de felicidade.

"Sim", acrescentou ela, "essa necessidade surge devido ao nosso estado de incompletude".

Se me permite apontar, você está simplesmente citando o que dissemos, mas isso não nos leva à compreensão do apego. Essa necessidade do outro existe, e nos agarramos profundamente a ela. Nós nos apegamos com um medo atroz. Por que essa necessidade existe? Não será porque, sendo vazia, fraca, incompleta, sozinha, você tenta preencher essa solidão com a família? Para preencher esse vazio pungente você precisa de sua família, por isso é apegada a ela. Se não tiver uma família, tentará preenchê-lo com outra coisa, não é?

"Sim, acho que sim."

De modo que seu problema, então, não é se desapegar, e sim encontrar algo que a preencha. Você está buscando uma fuga e quer encontrar algo que a preencha permanentemente. Procura preencher sua solidão com a família, outros tentam com atividades, com distrações, com vícios, com o conhecimento, com a ideia de Deus ou da libertação.

“Mas, por acaso não existe a graça de Deus? Ela não preencherá esse vazio?”

Não enquanto seu vazio estiver aí. Só quando seu espaço particular identificado acaba haverá o infinito. Cada um procura preencher o vazio segundo sua tendência. Você pode preenchê-lo com a família, outros com pensamentos relacionados a vontades, outros com desejo de poder, outros com uma ideia nobre, mas todos estão preocupados com um encobrimento que dê satisfação e seja permanente. Um não é superior ao outro; de modo que sua busca é: está correto preencher esse vazio com a família? Mas todo tipo de posse causa dor, e para fugir dessa dor a pessoa cultiva o desapego. O desapego se torna outro meio de encobrimento, preenchendo o torturante vazio. Agora, será que esse vão, esse vazio, pode ser preenchido? Existe algum método para suprir essa carência?

“Certamente, deve haver”, afirmou ela.

Por favor, vamos pensar melhor sobre isso. Por mais fechado que seja esse espaço, por mais que esse sentimento de total solidão possa ser preenchido, ainda estará vazio. Você pode encobri-lo de qualquer modo, mas ele continuará aí. Pode preenchê-lo com cada mecanismo da mente, mas o vazio continuará aí. Nós nos apegamos desesperadamente àquilo que julgamos capaz de ocupar esse vazio. E quando a coisa, o preenchimento, é tirado de nós, tornamo-nos infelizes, carregados de sofrimento; porque esse vazio, essa solidão dolorosa volta a se manifestar. Não seria esse vazio como um vaso quebrado, um poço sem fundo que nada pode encher?

“Mas”, disse ela, “deve haver algo que possa preencher o vazio.”

Não há nada que o possa preencher, por mais que tente. Por um tempo você pode esquecê-lo, negá-lo, encobri-lo, mas sob essa cobertura ele continuará ali. Isso é óbvio, sem dúvida. A menos que se elimine a causa, o sintoma estará sempre ali. Se a mente tiver certeza da impossibilidade de preencher o vazio, a solidão, ela própria, então, será capaz de operar uma transformação, uma revolução. Mas a dificuldade reside em perceber irrevogavelmente que todas as tentativas de preencher esse vazio causam sofrimento e são totalmente inúteis. Perceber isso, viver essa ação ignorante, é essencial. A partir dessa compreensão há ordem e claridade.

Quando o pensamento perceber que esse vazio não pode ser preenchido por qualquer meio, então estará em condições de descobrir que não pode fazer nada a esse respeito, que os pensamentos e ações que lhe dizem respeito não têm nenhuma importância essencial; o que quer que pense ou faça é um impedimento. Então, a mente se aquietará, e nessa quietude quebrar-se-ão os muros do autoisolamento, que criam o espaço identificado separado, o vazio e a solidão.

Assim, não há apego nem desapego. Então, a família, o trabalho, as coisas feitas pela mão e pela mente já não são importantes em si mesmas; elas são meios, não o fim. São os meios da autocompreensão, do correto pensar, da sabedoria suprema. Mas embora para uma mente escrava de tudo isso exista união e renúncia; essa escravidão não pode ser quebrada pelo cultivo do não apego.

Não se preocupe com o produto, mas com o fazedor; não com o pensamento, mas com o pensador. O pensamento é o pensador; ambos não são fenômenos separados, e sim um conjunto. Enquanto o pensador se mantiver fechado em si mesmo, seus pensamentos e suas atividades serão restritivos, serão amarras. Não rompa simplesmente essas amarras, mas deixe que o pensador pare de se multiplicar. O pensador e seu pensamento devem cessar de existir. Enquanto o pensador existir, seus pensamentos produzirão ignorância e sofrimento, porque na família, nas coisas, no trabalho, nas ideias, o pensador tem a sua própria continuidade. O pensador se estabelece em suas criações; o pai se torna escravo do filho porque o filho é ele mesmo. A identidade do pensador e seu pensamento devem cessar por completo. Quando o pensador se silencia, quando cessa seu falatório, então nesse silêncio encontra-se o incomensurável.

Capítulo 74

O fazedor de esforço, de escolhas

W. X. explicou que durante muitos anos meditou com bastante regularidade. Estudou os diversos sistemas de meditação e os praticava. Também orava regularmente, seguia o caminho da devoção. Suas meditações consistiam em várias formas de autodisciplina, ou melhor, ele se disciplinara para meditar. Mas, depois de tantos anos, parecia que não podia chegar à realidade, a Deus.

Será que as diversas formas do que ele chama de meditação, se nos permite perguntar, não estão interessadas em formatar o pensamento segundo um padrão? Transformar-se no ideal, fluir no que foi programado, cultivar qualidades necessárias, não vão todos na direção do tornar-se algo ou não se tornar? Nossa intenção em meditação não é no sentido de ser, tornar-se, ou não ser, não se tornar? Nosso esforço está direcionado a alcançar algo, e sem a compreensão, esse esforço de tornar-se alguém – seja em si mesmo ou não –, transforma-se num meio de impedir aquilo que é. Sem compreender aquele que ora, sua oração pode conduzir ou não à ilusão. Não seria, pois, indispensável compreender aquele que faz o esforço, aquele que ora? A oração e o esforço trazem sua própria recompensa, mas seria a recompensa compatível com o real? A recompensa tem relação com o esforço, e, a menos que aquele que se esforça se entenda a si, seu esforço e suas orações não terão um alicerce correto. O esforço e a oração são atendidos, mas isso não seria medo chamando mais medo, ganância chamando mais ganância? Uma resposta não é necessariamente uma resposta verdadeira. Portanto, sem compreendermos o que se esforça e o que ora, seus pensamentos e atividades não terão base para o correto agir e pensar.

Se você não se compreende, não tem alicerce sobre o qual construir. Sem autocompreensão, aquilo que você constrói hoje será destruído amanhã. Não há segurança; há contradição, sofrimento, ignorância. Se você se compreende, compreende o todo. Sem você o mundo não é. Sem você eu não sou. Você é o resultado do passado, de todos os pais e mães, assim como eu também sou o resultado de todos os pais e mães. Seu pai é meu pai, você é eu. Você é o mundo. O mundo é aquilo que você é. Sem compreender a si mesmo, sem autocompreensão, todo conhecimento é ignorância e leva ao sofrimento.

"Sim", respondeu ele, "percebo isso claramente. Entendo o que você quer dizer com eu sou meu pai. Isso é muito revelador."

Portanto, sem autocompreensão, autopercepção, a correta meditação não é possível. Sem se tornar cônscio do pensador, simplesmente reformatar o pensamento é de pouca importância. Então, a percepção, a meditação, então, é autodescobrimento. Para descobrir, a pessoa deve estar livre da identificação, do julgamento, o que é uma tarefa muito difícil. O julgamento e a identificação impedem a compreensão de cada pensamento-sentimento. Essa liberdade deve ser estabelecida logo no início. Um meio incorreto produzirá um fim equivocado; não se pode encontrar o verdadeiro pelos meios errados. Desde o início, a percepção deve ser sem escolhas. Se aquele que faz a escolha continuar, então sempre haverá dualidade, o "eu" e o "não eu", merecedor e desmerecedor etc. Pela dualidade, não há o uno. Aquele que faz o esforço, que escolhe, deve ser compreendido e dissolvido. Aquele que faz o esforço é o centro da acumulação, e o que se acumula não é o real. A eliminação desse centro, desse pensador, da experiência e da memória precisam ser solucionadas. Todo o processo de plena atenção ou meditação é no sentido de reduzir aquele que faz a escolha, o pensador, ao silêncio.

"Como se faz isso?", perguntou ele.

Antes de buscar um resultado devemos entender o problema em si; nele próprio está a solução. No tornar-se atento ao próprio problema está o florescimento da resposta. Buscar uma resposta fora do problema gera confusão.

"Quer dizer que não devo buscar um resultado em minha meditação?", perguntou ele.

Se o pensamento busca um resultado, não está preocupado com os meios. Se o pensador se preocupa com sua realização, está cultivando a dualidade. Se aquele que faz o esforço busca um fim, está alimentando o anseio, e o anseio leva à ilusão e ao sofrimento. Se você está buscando um resultado, está reforçando o autoisolamento da memória. O pensador amplia-se no resultado. Se você está buscando um resultado, seu pensamento por acaso não está preocupado com os ganhos, a realização, o fortalecimento do centro de acumulação? Será que isso não reforça o experimentador e sua experiência? Se você está buscando um resultado, será que não está fabricando o tempo? É pelo processo do tempo que se descobre o eterno, o atemporal? O tempo deve cessar para que o atemporal aconteça.

Portanto, qual é nosso problema? Compreender o pensador e não simplesmente transformar ou modificar seus pensamentos. Seus pensamentos e suas ações revelam o pensador. Pela percepção de seus pensamentos-sentimentos aquele que os faz é conhecido. Você não pode chegar até o fazedor com o mero julgamento de seus pensamentos-sentimentos-ações; ao segui-los, descobre-se o pensador. Através do pensar-sentir cada pensamento-sentimento, descobre-se o pensador em todas as suas diferentes formas, aparências, comportamentos. Todos os fios de seus pensamentos-sentimentos conduzem a ele; eles devem ser seguidos, por mais triviais ou estúpidos que sejam, e compreendidos. Se todas as expressões astutas do pensador forem observadas, investigadas e compreendidas, reavaliadas repetidas vezes, o pensador deixará de existir. Se as folhas e galhos forem cortados repetidamente, a árvore morrerá. Se cada pensamento-sentimento-ação for pensado-sentido e bem compreendido, completamente, então o centro, o pensador, aquele que se torna algo, deixa de existir. O pensador não é mais aquele que experimenta com suas acumulações não criadoras, suas memórias. Então, o pensador, estando completamente silente, não mais está reunindo ou rejeitando; nessa profunda sabedoria do silêncio está a criação atemporal do eterno. Não especule sobre isso, não formule, mas esteja plenamente atento à cada pensamento-sentimento-ação. A chama da percepção queima todos os obstáculos, bloqueios, e nessa chama o real existe. Então, quando já queimou tudo aquilo que escraviza, essa chama sem causa e imortal, ela própria se ilumina.

Capítulo 75

Habilidades e dons são amigos perigosos

C. Y., no decorrer do que estava dizendo, explicou a dificuldade que encontrou para compreender a si mesmo. Ele só conseguia, com muito astúcia, flutuar na superfície, e isso era muito exaustivo e deprimente. Não conseguia analisar com profundidade.

Enquanto explicava, de repente o vimos como através de um vidro se vê camadas de areia de cores diferentes. E, à medida que ele prosseguia, revelava-se cada vez mais e mais. Ficou em silêncio, e permanecemos sentados durante algum tempo sem sermos incomodados pelas palavras. Era possível lê-lo como uma página claramente impressa.

Você não pode cavar profundamente, pois está ativo demais na superfície. Está ocupado demais com sua perspicácia, com o dom de sua oratória e suas explicações, com sua vida fácil e confortável. Está numa toca gratificante e confortável, se me permite dizer, e cada vez que cava entra mais fundo nela, porque fica mais agradável, mais prazerosamente letárgica. Sua família, seus amigos e seu entorno o ajudam a fazer esse buraco suportável. Uma vez que estão satisfeitos com o deles, querem manter você no seu. Você está encerrado em suas próprias capacidades e dons, que são amigos perigosos. Eles se tornam fins em si mesmos e conduzem a muita infelicidade e sofrimento. Comida, roupa, posturas e prazeres o estão deixando cansado e embotado; sua mente está se tornando insensível e perdendo rapidez de compreensão. Nesse estado, como pode cavar profundamente?

Ele estava surpreso e, levantando a vista rapidamente, disse: "Fale mais sobre mim".

Você tem que descobrir por si mesmo sobre você, e o que falamos tem pouco significado. Tem que se livrar de todas essas causas que o fazem se sentir exausto, deprimido. A camada superficial da mente, sendo tão perspicaz, tão hábil, está impedindo que as mais profundas camadas da consciência, da mente interior, cheguem à frente. Ela está obstruindo, uma vez que pode ser forçada a uma ação mais profunda e mais ampla; pode ser encurralada para seguir um percurso novo de ação, provocando distúrbios e despertando medos ansiosos. Para fugir do despertar ela se ativa superficialmente, tornando-se embotada e cômoda. Enquanto a camada superficial, não ativa, da mente não perceber que deve voluntariamente deixar de lado suas atividades para originar a abertura da mente interior, ela será um impedimento persistente. Quando você se torna cônscio das muitas atividades da mente superficial, observa suas tagarelices, danças, razões e conclusões, através dessa percepção vêm a paz e a claridade. Isso pode significar que você tenha que abandonar seu cômodo ambiente, seus pensamentos mecânicos e irritantes, seu modo de vida presente. Perturbações profundas são necessárias para a claridade e a compreensão. Para compreender a realidade deve haver tenacidade interna, não uma atividade superficial, desgastante.

Com essa atenção plena constante, os sonhos dão lugar a um sono reparador e criador.

"Que bom", disse ele, "que está falando de sonhos. Eles me incomodam."

O estado de alerta perceptivo durante as horas de vigília dá oportunidade para uma compreensão mais profunda durante as horas de sono. No começo, à medida que a pessoa começa a tornar-se cônscia, coisa que ainda não é contínua, o sono é perturbado por muitos sonhos, uma vez que a percepção origina perturbações. Há sonhos importantes e sem importância, e suas interpretações dependem da imaginação, do preconceito e tendências daquele que sonha. Mas, à medida que você se torna mais e mais plenamente atento durante as horas de vigília, pensando, sentindo cada pensamento-sentimento, não apenas ocorrem menos sonhos, como também eles não necessitarão de interpretação, porque são compreendidos e assimilados na plenitude da percepção. A importância não está na interpretação dos sonhos, e sim em uma percepção fecunda.

Seria uma lástima desperdiçar uma vida promissora. Em vez de dissipá-la em atividades exteriores, na tola perspicácia, na oratória, não seria melhor, mais edificante, focar essa potencial energia no esclarecimento das atividades interiores, a qual tanto pode prejudicar como trazer compreensão e felicidade? Os tesouros externos são perdidos rapidamente, corrompidos, e em seguida surge o conflito e o sofrimento. Os tesouros internos são imperecíveis; conduzem à benção do eterno.

Capítulo 76

Na busca pelo real o pão nos será fornecido

Y. Z. perguntou por que eu disse que não há caminho para a verdade, que a verdade é uma terra sem caminho. Será que a verdade não dá certezas? Não há garantia duradoura nela?

Todos os rios desembocam no mar; do volume de água depende a rapidez do rio. Os riachos estreitos logo se perdem. Há garantia no curso do rio: ele passa por cima, contorna cada obstáculo ou abre um novo caminho. Mas se move rapidamente em direção ao mar. Quando essas águas entram no mar, em sua vastidão e infinidade, o rio que conheceu as bordas limitantes se perde, é absorvido.

Há certeza e incerteza, segurança e insegurança na luta da existência. Aqui nós buscamos e criamos certeza; aqui estamos seguros; aqui estamos presos no conflito entre o bem e o mal; aqui conhecemos prazer e dor, nascimento e morte. Nas margens há trilhas e atalhos, cada caminho se abre e se multiplica. Nas margens estão os muitos deuses e seus rivais seguidores. Há confusão e o ruído de muitas afirmações. Toda existência nessas margens é uma luta e uma dor.

O mar não está longe. Parece muito longe porque determinamos o final. É o fim que faz a distância. Não há começo e fim; essa fome de realização, de sucesso, faz que se torne um constante devir.

"Quer dizer que não deveríamos ter um fim, uma meta?"

O objetivo é inspirador apenas quando o presente não sucumbe à sua imensidão, à sua compreensão; o fim se torna uma atração, uma fuga do presente. O presente é o eterno, e, se você não compreende seu significado agora, há pouca possibilidade de que o compreenda no futuro. A ignorância do presente apenas se torna ignorância do futuro. A ignorância não se transforma em sabedoria pelo processo do tempo, pela inspiração de uma meta. Deve ser dissolvida no eterno-presente. À medida que surge, deve ser observada, compreendida e então dissolvida, o que é uma ação no presente atemporal. Assim como uma árvore morre se suas folhas e galhos forem podados repetidamente, também a ignorância e o sofrimento devem ser podados quando aparecem, por meio da percepção e compreensão constantes.

Essa compreensão não é para ser conquistada algum dia, no distante fim. Aquilo que não é compreendido continua existindo, e o que é compreendido deixa de existir. A compreensão não é cumulativa; não existe nenhum experimentador que compreende. Aquilo que é incompleto permanece como memória, dando continuidade à identidade, ao "eu" e o "meu". Aquilo que é compreendido, realizado, deixa de existir, pois não deixa rastros, memória. A compreensão só pode existir onde há liberdade, não onde há escravidão, não quando a mente está sobrecarregada com memória. O fim, o objetivo, origina e fortalece a memória, e a memória e a experiência acumulada não produzem compreensão. O acúmulo cria um centro de autoisolamento, individualista, egocêntrico, e como aquilo que é fechado nunca é livre, portanto, o experienciador nunca o pode compreender. Aquele que experimenta está sempre experimentando, e desse modo está sempre incompleto. Nunca compreenderá, pois a compreensão se encontra na liberdade.

Como pode haver garantia, segurança, na liberdade? Aquilo que é livre, o incomensurável, está além de toda comparação; está além e acima de todos os contrários. Ele, que é incerto, anseia por segurança, mas acaso toda existência não é incerta, insegura? A morte, a doença, a velhice está diante de nós, o que cria impermanência; mas ainda assim buscamos segurança no impermanente. Na morte, na velhice, no transitório buscamos garantias. Como somos cegos!

"Mas certamente devemos viver neste mundo. Quem nos dará o pão nosso de cada dia?"

Ao buscar o real o pão será provido; mas se buscarmos apenas o pão, então até ele será estragado. O pão não é o valor maior; quando o transformamos em definitivo há desastre, há matança, há fome.

Por meio do transitório busque o eterno. Não há caminho para ele, porque ele é o eterno-presente.

Capítulo 77

A memória deve tornar-se uma concha vazia

Z. A. explicou que havia tentado escrever, como lhe fora sugerido, cada pensamento durante as horas de vigília. Isso produziu resultados muito interessantes e propiciou uma compreensão considerável. Também tentou escrever – ao acordar –, evidentemente seus sonhos e pensamentos durante as horas de sono, eram muito fragmentados, desconexos e escassos. Seus sonhos se relacionavam com o tempo de diferentes formas, mas o tempo havia se tornado importante para ele. Poderia falar sobre isso?

Ele nos contou alguns dos seus sonhos e descobriu que ao tentar escrever cada pensamento-sentimento, o problema do tempo havia se tornado urgentemente importante. Ele tivera tempo para escrever, mas havia um outro tempo envolvido; e era isso que estava criando distúrbios e ansiedade.

Será que ele não se referia àquilo que podemos chamar de tempo psicológico? O tempo cronológico, a sucessão de acontecimentos, não é difícil de compreender, regular, modificar, ou ajustar. O tempo psicológico é mais complexo, mais difícil de compreender. O vagar da consciência entre o passado, o presente e o futuro pode ser chamado de tempo psicológico. Esse vagar ocupa a maior parte do nosso interesse. O pensamento-sentimento o tecem através deles, criando novos padrões, eventos inéditos, novas esperanças; relaciona-se mais com o futuro. Com alguns é o passado, e com outros o imediato. A consciência permeia o tempo; é o resultado do tempo, é o próprio tempo, portanto, pode antever seu futuro ou investigar seu passado. Quando você está em um avião, sobrevoando a curva de um rio, observa tanto o barco quanto o homem oculto pela curva. Do barco, o homem na margem, da curva não pode ser visto; mas você, no avião, vê ambos. Para você, o futuro – o barco que se aproxima do homem na curva – e o passado – o barco que passou o homem, mas que está oculto por outra curva – são um único evento. Você vê o todo. Da mesma maneira, não seria possível transcender o ciclo do tempo? Você só o poderá transcender quando a consciência, o pensamento-sentimento, libertar-se da escravidão do tempo.

O tempo psicológico é a memória: o "eu fui", o "eu sou", o "eu serei". Memória é pensamento-sentimento e ação incompletos. É esse pensamento-sentimento não consumado que causa continuidade, identidade; e essa memória autolimitadora reforça a si mesma por suas próprias e incessantes demandas e atividades. Você nunca se encontra em silêncio para compreender a si mesmo; está ocupado em compreender seu exterior, e não você mesmo.

Pela porta do presente o passado é visto, e o passado revela o futuro. O passado está condicionando o presente, mas por meio do presente se compreende o passado. As muitas camadas de memória, o tecido da consciência através do tempo a amarram ao passado, presente e futuro. O pensamento-sentimento está ocupado com o tempo; os sonhos e as atividades revelam sua escravidão. O pensamento-sentimento não pode ir além dos limites do tempo. O sonhador e seus sonhos são um só; para interpretar seus sonhos o sonhador deve compreender a si mesmo. Para se compreender, deve parar de identificar, porque a identificação traz sofrimento e confusão. A memória, o acúmulo da experiência, deve ter seu conteúdo esvaziado. A memória deve se transformar em uma casca vazia. Para que o pensamento-sentimento liberte-se do tempo e da memória, cada recordação, prazerosa ou desagradável, deve ser investigada e finalizada, porque o conteúdo da memória origina o pensador, o sonhador.

"Pelo que você diz, me parece que você não dá importância ao futuro, e meus sonhos parecem, de uma maneira vaga, dizer respeito ao futuro."

Como tantos outros, provavelmente você está interessado em saber o que tem pela frente; o futuro é mais atraente que o passado. Os sonhos revelam o sonhador. O futuro se torna uma fuga. Sacrificar o presente pelo futuro é convidar o desastre e a desgraça. Sem compreender o passado por meio do presente, o futuro tem pouco valor, pois o futuro é a continuidade do passado que atravessa a porta do presente, que o modifica.

Você está preocupado, não é, com o vagar da consciência por meio do tempo, com a ida e vinda do pensamento-sentimento para a frente e para trás dentro da estrutura do tempo? Por mais que a estrutura seja ampliada, o pensamento-sentimento ainda está dentro de seus limites. Você pode conhecer seu futuro, pode predizer certos eventos etc., mas o pensamento-sentimento ainda se mantêm escravo do tempo. A perpetuidade da memória, do tempo, não é o atemporal, o eterno. Aquele que forja a cadeia de identificação da memória, do passado, presente e futuro, deve findar para haja criação; deve deixar de existir. Só então haverá o atemporal, o eterno.

Mediante a plena atenção de cada pensamento-sentimento penetra-se nas muitas camadas de consciência. Nesse processo de agitações e compreensão ocorrem sonhos, pensamentos-sentimentos, importantes ou não. O que não é importante é logo descoberto e descartado; aquele que é importante não precisa necessariamente ser interpretado, mas através da intensidade da percepção é compreendido e assimilado. A interpretação é inútil sem que se compreenda o intérprete. Nesse processo de percepção, à medida que cada camada de consciência é descoberta e compreendida, durante as horas de sono, níveis mais profundos são tocados, que começam a ser revelados durante as horas de vigília. Assim, a separação que existe entre as diferentes camadas é dissolvida. O conflito deixa de existir, não arbitrariamente, mas porque todo anseio, a causa do conflito, ignorância e sofrimento, se extingue. Na plenitude da autocompreensão há paz e sublime sabedoria.

Capítulo 78

Aquele que ajuda e aquele que é ajudado

A. era assistente social de considerável eficiência e explicou que, como o mundo vinha piorando cada vez mais, deveria haver maiores reformas. Disse que se preocupava em ajudar as pessoas, e que a urgência da reforma social era grande. Como podia ajudar mais, e quais eram suas responsabilidades? Essa guerra terrível estava piorando as coisas, e não o contrário. Ela entrou em contato com muita gente, mas pouco pôde fazer.

Ela veio de muito longe. Estava ansiosa, atenta, e nos falou de sua vida e da inevitável pequenez de todas as organizações, de umas mais que de outras. Havia passado muitos anos nelas.

Se quem ajuda e quem é ajudado seguirem na mesma direção, rumo ao mesmo fim, então a ajuda trará a resposta correta. Mas, se A. estiver buscando um fim que não seja o do ajudado, então sua ajuda será mal utilizada. Se ela estiver buscando estabelecer a paz, e se aqueles a quem ajuda estiverem buscando outra coisa, suas boas intenções serão exploradas. Se ela está tentando ajudar a sociedade a não ser gananciosa, não deveria ter certeza de que a sociedade também quer ir na mesma direção? Do contrário, seus esforços não apenas serão em vão, como também a sociedade a usará para os seus fins. Para ajudar o outro você deve ter certeza de que ele quer ser ajudado na mesma direção; do contrário, ele se fortalecerá com sua ajuda na direção que quiser ir, que pode ser oposta à sua.

"Então, quer dizer que não podemos ajudar o outro até que ele também deseje o mesmo fim?"

Entre um homem de paz e um soldado pode haver algum relacionamento de colaboração? Eles pertencem a diferentes níveis de pensamento, a diferentes camadas da sociedade; podem se encontrar no mercado, mas têm amigos diferentes, linguagens diferentes. O homem de paz pode compreender o soldado e pode querer ajudá-lo só para instá-lo a sair de seu mundo de violência. O soldado só aceitará essa ajuda quando estiver convencido da insensatez da violência; do contrário, desejará encarcerar o homem de paz por ser um perigo social.

Do mesmo modo, se você quer reformar a sociedade, deve ter certeza de que esta também quer isso; do contrário, sua ajuda e seu entusiasmo serão usados para os fins dela. O finalidade coletiva não é diferente dos fins individuais. Se você quer me ajudar, deve descobrir o que estou buscando; do contrário, de que modo estaria me ajudando? Se você e eu concordamos, então ajudaremos um ao outro e não nos prejudicaremos. Mas, se você não sabe o que eu quero e tenta me ajudar, ou está agindo por presunção, o que impõe um limite à compreensão; ou simplesmente se deixando levar por sua própria atividade. Ajudar realmente o outro é impossível quando é considerado o conceito de compreensão, de experiência, de autoridade, de nenhuma pretensão; também não é possível quando você está simplesmente fugindo por meio da atividade, do serviço social. Para me ajudar você deve conhecer a si mesma; do contrário, será igual ao ajudado. Não é importante compreender antes de ajudar? De outro modo, sua ignorância fortalecerá minha ignorância.

"Sim, isso é verdade. Eu fiz sociologia e tive uma educação acima da média. De modo que acho que sei o suficiente para ser útil de alguma maneira."

Então, você pensa que uma fina camada de conhecimento superficial, a partir de livros, de professores acadêmicos, resolverá nossos problemas? Acha que, se todos adquirissem o conhecimento e a informação de seus livros, a sociedade melhoraria? A erudição irá curar as doenças do mundo? Será que não há uma causa mais profunda para o sofrimento do homem?

"Claro que sim", concordou ela.

Ao compreender e resolver a causa mais profunda, o homem pode libertar-se do sofrimento. Para compreender e dissolver essa causa, qual será seu ponto de partida? Consigo mesma ou com seu vizinho? Mesmo para compreender seu vizinho você precisa compreender a si mesma. Então, a dissolução da causa do sofrimento é nossa principal preocupação; para dissolvê-la, você deve se compreender. Se essa for a intenção da sociedade, e sendo também sua intenção, você e a sociedade que deseja ajudar e servir se beneficiarão mutuamente. Então, sua ajuda, seu serviço, terão um significado. A reforma não gerará mais confusão e não necessitará de reformas posteriores. Assim, o serviço não é uma mercadoria comercializável, mas algo que é dado a partir do amor e do desprendimento de si mesmo.

Ela voltou no dia seguinte e perguntou por que não havia enxergado tudo isso sozinha. Concordava totalmente com o que dissemos, explicou, mas por que não pensou nisso sozinha e por que foi tão lenta para compreender?

Não seria porque ela estava desatenta de condicionamentos, preconceitos e identificações? Sem ter a percepção de seu condicionamento, por mais que ela tente pensar com claridade, seus pensamentos serão embotados, limitados. Assim como uma pessoa que usa óculos de lentes coloridas deve tirá-los para enxergar sem impedimentos, também quem quiser pensar com razão e claridade deve perceber seu condicionamento, seus impedimentos. Na compreensão deles, nosso pensamento-sentimento é ativado, e chega-se a uma compreensão mais profunda e mais ampla. O correto pensar não é possível sem que o pensamento se liberte dos preconceitos e da identificação. O preconceito é uma forma de presunção, que impõe um limite à compreensão. A mente deve libertar-se de toda análise e comparação para compreender o real.

Capítulo 79

As cicatrizes deixadas pela experiência

B. explicou que era um homem de negócios, não um grande sucesso neste mundo cruel, porque estava satisfeito com o que ganhava e sustentava a família segundo o padrão americano. Falou de sua vida cotidiana, mas não veio me contar a extenuante rotina de sua vida, e sim descobrir por que certos incidentes se repetiam com frequência. Eram de natureza emocional e aconteciam em intervalos diferentes.

Será que ele não notou que certos pensamentos e sentimentos se repetem sem parar? Por que esses pensamentos voltam repetidamente? Não é porque não são completados, acompanhados, pensados e sentidos em sua máxima inteireza e profunda amplitude? Assim como um trabalho inacabado provoca a mente até que esteja terminado, cada pensamento-sentimento se vê obrigado a se repetir até que esteja completo. Suprimir esses pensamentos-sentimentos repetitivos é relativamente fácil, mas isso não liberta o pensamento da repetição.

Sim, havia tentado reprimi-los, concordou ele, mas voltavam.

Se ele pensar e sentir cada pensamento-sentimento repetitivo, se o esgotar, na medida do seu alcance perceberá que não vão mais voltar. Porque na compreensão há liberdade. Portanto, eventos de natureza similar ocorrem porque não são compreendidos e assimilados em profundidade. A experiência deixa rastros, cicatrizes na consciência, e finca profundamente suas raízes dentro dela; e a consciência se torna o solo para as raízes da experiência, para a memória. A partir desse solo existe ação e resposta, e a consciência se torna um mero depósito onde as coisas são guardadas, conservadas. Assim, a consciência perde sua função de ser, de renovar. A experiência, quando deixa rastros, impede o atemporal. A maioria de nossas experiências cria o tempo por meio da memória, por meio das marcas, das cicatrizes, e, assim, a experiência se transforma em um obstáculo para a compreensão, para a criação atemporal. São esses rastros que constroem a consciência do "eu" e do "meu", o fator de aprisionamento ao tempo. Enquanto o pensamento-sentimento estiver limitado pela experiência, haverá de ocorrer experiências ou eventos repetitivos. À medida que cada experiência surja, pense-a, sinta-a o mais profunda e exaustivamente possível, o que será rápido ou gradual, dependendo do conteúdo da consciência, fazendo que a percepção seja mais ágil ou nebulosa.

Sim, você faz isso com todos os seus pensamentos-sentimentos, não somente com os escolhidos, mas com cada um deles; então os eventos e experiências repetitivos dão lugar a uma vida sem começo e sem fim. O medo da morte acaba, porque há vida eterna, um devir atemporal.

O apego à experiência e suas cicatrizes ligam o pensamento-sentimento ao tempo, o que cria o ego, o "eu". O pensamento-sentimento do ego cria um fim, cria a morte.

Quando ia embora, B. explicou que havia escutado com muita atenção, e como havia percebido nas conversas, o que havíamos dito seria compreendido. Mesmo não podendo compreender tudo agora, ele reunira sua importância, o que agiria como um fermento.

Capítulo 80

Mudar a política é desperdiçar pensamento

C. perguntou por que eu não participava da política; ele mesmo participava, de alguma maneira, uma vez que sentia que a política era um meio de ajudar. Ainda não estava profundamente envolvido nela e, tendo ido a uma das palestras, estava intrigado sobre a razão de não me interessar pelo assunto. Não seria um meio importante para pôr ordem neste mundo confuso?

Ele disse o que esperava fazer no mundo político – que era deploravelmente corrupto, mas sentia que podia fazer algo a respeito; esperava criar melhores condições sociais. Era um homem alerta e atento a certas coisas, e ansioso por saber mais. Contou-me um pouco de sua vida.

A política é apenas um ramo da vida, e centrar toda a atenção nela, como se vem fazendo, é adorar a parte; e, no desenvolvimento da parte há conflito, confusão e antagonismo. A parte nunca pode contribuir para a compreensão do todo. A política ajuda a focar o pensamento, mas na direção errada. Quando o pensamento é corretamente dirigido, a política tem seu lugar certo, mas, do contrário, torna-se uma fonte de grave perigo. Sem um correto pensar, a política se torna um jogo, e um jogo desastroso para o resto da humanidade. Então, poucos manipulam muitos; seus postulados dão a impressão de parecer tão infalíveis como os de qualquer igreja. Assim, a corrupção é uma parte inerente dela, uma vez que vive apoiada não no bem, e sim no poder, na autoridade, na opressão. Os assuntos de Estado são assuntos do indivíduo. O Estado e o indivíduo não são diferentes: o Estado é o que o indivíduo é. O Estado não está acima do indivíduo, porque este o cria; nasce a partir do seu molde. E, como a maioria dos indivíduos está confusa, é invejosa, busca poder, é violenta, o Estado é violência organizada, poder organizado, confusão organizada e assim por diante, e, como sabemos, isso tem resultados fatais. Reformar a política, os assuntos do Estado, é desperdiçar, dispersar pensamento. Ocupar-se com o sintoma, com o resultado, é gerar mais confusão; só com a erradicação da causa há claridade e ordem.

De modo que o homem verdadeiramente religioso, o homem sábio, não se ocupará com o resultado, com o produto, e sim com o fabricante, com o produtor. Para tal homem, ocupar-se com o Estado, com o governo e com a política se torna um obstáculo para sua necessária e fundamental transformação, e um empecilho para a descoberta da realidade.

"Mas", disse ele com impaciência, "demorará um tempo infernalmente longo para que cada indivíduo torne-se um santo, e, nesse meio tempo, o mundo desmoronará."

É evidente que o mundo se destruirá, lenta ou rapidamente, em razão do crescente egoísmo, violência e ganância. Não haverá paz nem felicidade enquanto cada indivíduo não perceber a imperiosa necessidade de deixar de lado a agressividade, a cobiça e a ignorância. Demorará muito se você que está fazendo esta pergunta perceber lá no fundo que está contribuindo com a confusão e miséria por meio de seus pensamento-sentimento-ação. Se você tiver plena certeza de que é totalmente responsável pelo sofrimento do mundo, não se preocupará com o elemento tempo. Você se preocupará com a erradicação das causas em si, as quais provocam o conflito externo, a confusão e o antagonismo. Não somente estará pondo fim ao egoísmo, à agressividade e à luxúria, como também estará expandindo sua compreensão. Você pensa em termos de tempo porque está acostumado ao gradualismo, que é uma forma de indolência e ignorância. Por que não pode pensar-sentir de forma direta e simples?

"Sim, mas, enquanto isso, o que devo fazer?"

Não há "entre tempos": é um processo constante. Se você tem convicção sobre o que falamos esta tarde, não há "enquanto isso"; você começará a trabalhar arduamente para se compreender. Com a autopercepção e a autocompreensão vem o correto pensar, e é o correto pensar que trará paz e contentamento. Nenhum político, nenhum governo pode nos dar isso; eles devem descobrir isso dentro deles mesmos. Sem isso, ocupar-se dos assuntos do governo é criar confusão e impedir a compreensão da realidade.

Capítulo 81

Especulação sobre realidade ou experiência direta?

D. disse que havia escrito um livro sobre metafísica, que estudara religiões comparadas, e que seu livro mostrava o caminho para Deus. Ele mesmo não havia tido experiências profundas, internas, mas, tendo lido muita literatura religiosa, tinha certeza da existência de uma realidade que transcende o físico. Então, começou a especular sobre a natureza da realidade, e se permitiu especular consideravelmente.

Não seria importante, perguntei, vivenciar diretamente, e não especular sobre o que se quer vivenciar? Acaso a especulação não impede a experiência? O que é experienciável não é pensável, e, uma vez que você pensou, meditou sobre isso, a mente criou padrões e formulações nas quais se encontra presa; portanto, não é mais livre para vivenciar a experiência. O requisito necessário para a experiência é a liberdade, que é negada com a formulação, a especulação. Não sendo livre, você especula – como um prisioneiro, que é livre para especular sobre a liberdade, mas não é livre. Em um governo tirânico, o cidadão é livre só para obedecer, mas não é livre. Você é livre para especular sobre a realidade, mas, como não é livre de fato, sua especulação não será sobre o real. Quando se é livre, não há necessidade de especulação; sendo livre, você vivencia. De modo que a faculdade especulativa se torna pouco importante, ou mais um obstáculo para a experiência do real. Agora, se me permite perguntar, não é sua tarefa libertar a mente dos obstáculos que ela mesma criou? Por que não se empenha nisso, em vez de desperdiçar sua energia com especulação?

Ele ficou bastante surpreso, sentado em silêncio durante um tempo.

"Sim, você tem toda a razão. Distraí meu pensamento com a especulação por uma simples razão, até onde posso ver neste momento. Tenho medo de ver meus bloqueios porque me veria forçado a tomar uma ação de modo definitivo, o que me levaria a todo tipo de conflitos e transtornos. É melhor não cutucar a fera, e acho que essa é a razão pela qual me refugio na especulação. Nunca vi isso até agora; e como é possível superar o conflito?"

Você está atravessando a ponte antes de chegar a ela, não está? Não está em um conflito real; sua mente se está antecipando e se protegendo, não é? Portanto, você está evitando o conflito, agindo por meio da especulação, e usando o mesmo truque de outra forma. Não é mais importante compreender a mente que o conflito que ela cria? Pelo conflito se descobre o funcionamento da mente. Pelo pensamento se conhecem os percursos do pensador. Estamos mais preocupados com os pensamentos, como moldá-los, como trocá-los, reformulá-los, modificá-los etc., e não com o criador deles, o pensador. Assim como uma árvore logo morre se seus galhos são podados constantemente, o pensador também definha se cada pensamento for observado, estudado e compreendido.

Capítulo 82

Você se deixaria matar pelo inimigo?

E. expressava suas opiniões livremente e, para cada uma delas queria uma resposta categórica. Era um homem preso a certas crenças políticas e religiosas, e só chegava até onde a corda permitia; e a corda não era muito comprida. Ele entrava e saía dessas crenças, criando padrões que aparentemente lhe satisfaziam. Estava fechado nesses padrões, tinha clareza e luz neles; não havia fendas, nem aberturas nas paredes de sua redoma. Ele fazia perguntas, mas não escutava as respostas, pois as suas lhe satisfaziam.

Ele explicou que estava no fluxo da vida e não entendia as pessoas que não estavam no meio dessa catástrofe transformadora e criativa. Por que haviam se isolado dessa corrente de vida plena?

Será que não é possível que aqueles que não participam dessa plenitude considerem que essa expressão de vida é completamente ininteligente e bárbara? Supostamente, os seres humanos são mais reflexivos e inteligentes que os animais do campo e da selva; e, se usarem sua inteligência, o curso desta civilização, que levou a esse morticínio em massa, pode ser modificado.

"Mas não é natural que o mais forte passe à frente do mais fraco, e a guerra não é a expressão brutal deste fato?", perguntou.

Métodos violentos nunca trouxeram paz ao mundo; só os meios pacíficos geram resultados pacíficos. A bondade não cresce ao armar com baionetas o seu semelhante, ainda que ele possa destruir você.

"Só teremos paz no mundo quando uma ou duas nações estiverem completamente armadas com todos os mais modernos instrumentos de destruição; então, as outras nações não se atreverão a atacar. A paz através da força é o único remédio real neste mundo brutal."

Essa é a regra do banditismo, que vem sendo tentada há séculos, e há guerra atrás de guerra. Talvez haja outra maneira, a do amor e da inteligência, mas isso exige um despertar individual. E como cada um quer vencer, e é hipnotizado por um resultado imediato, torna-se escravo dos *slogans* e da propaganda.

"Você se permitiria ser morto pelo inimigo, sem resistir?"

Sim, talvez. Depende de quão longe a pessoa avançou no caminho da compaixão e do desapego. O apego às respostas imediatas dos sentidos deve ser colocado de lado, o que requer uma atenção plena constante e flexibilidade de compreensão. Você foi educado para matar, mas não para viver. Sua religião – não a igreja organizada – diz para não matar, seu Estado o treina para matar e, sem pensar, você segue o caminho mais fácil, que chama de vida plena.

"Se não nos protegermos, nosso inimigo nos destruirá, nossa liberdade desaparecerá."

Você criou o inimigo por meio de seus pensamentos e atividades diárias, de seu modo de vida e de sua ganância. Não existe inimigo mas sim seu egoísmo e suas ideias equivocadas. Liberte-se disso e não terá inimigos. Desapegue e conhecerá a compaixão, que é o único fator que trará a paz. Você fala de liberdade; você é livre? Pode essa liberdade ser dada ou tirada por outro, por qualquer governo? Se pode, então não é liberdade de fato, e um governo que promete e se torna um obstáculo para a liberdade. Quando o pensamento se libertar da ânsia, da agressividade e da ignorância, haverá liberdade. Esta libertação não é resultado do ambiente, bom ou ruim, e sim do surgimento da autopercepção e da autocompreensão.

"Mas não temos tempo para tudo isso; há uma guerra em andamento, e ela precisa terminar."

A guerra interior ou exterior é resultado do egoísmo, do antagonismo e da irreflexão, e você terá guerras se não se libertar desses obstáculos. Por meios errados o final correto não é possível; pela violência haverá mais violência, não paz.

"Primeiro livre-se daqueles que causam transtorno, que são agressivos; então teremos paz."

Cada indivíduo é responsável pela guerra, pela agressão, pelos distúrbios; e você pode se livrar de cada um? Como pode se livrar do agressor quando você mesmo é agressivo, quando através de seus pensamentos e ações causa agressão? A presunção acaba com a compreensão. Se cada um de nós pensar nesse assunto, talvez encontremos uma resposta, pois o desapego compassivo provoca grande compreensão e amor. Sem compaixão não há maneira de sair dessa confusão e desse sofrimento. Os esquemas e planos do intelecto, sendo parciais e incompletos, nunca podem ser verdadeiros, portanto, são sempre impraticáveis e se tornam obstáculos para a união dos homens. Os mecanismos superficiais destinados a unir os homens por meio de uma língua, da legislação econômica e social e assim por diante, não erradicam as causas internas que produzem antagonismos e conflitos. Com a autocompreensão vem o correto pensar, que sozinho porá fim ao conflito e ao sofrimento.

"Mas tudo isso isola você, e eu quero estar na corrente plena da vida."

O que você chama de corrente plena da vida é ininteligente e conduz à confusão e ao derramamento de sangue cada vez maiores. Mediante a percepção da ignorância a compreensão chega, e nela não há isolamento. O amor não é isolamento, mas o apego à propriedade, às pessoas e às fórmulas são. Embora você queira estar na corrente, em seu coração se isolou, porque está amarrado, preso aos esquemas e elaborações de sua própria mente. Embora esteja mergulhado na chamada corrente de vida, seu coração está vazio. O ruído da mente distrai, como a ruidosa corrente da vida. Você está simplesmente fugindo de seu próprio vazio. O medo do vazio causa isolamento. O medo gera distrações, e a multiplicação das distrações não conduz à paz e à bem-aventurança.

Capítulo 83

Os dilemas de uma professora

F. estava preocupada com a guerra. Não queria aprová-la ou apoiá-la de nenhuma maneira, nem se aproveitar dela durante sua duração ou se beneficiar quando acabasse. (Seu filho estava no exército.) Ela havia chegado a essa conclusão depois de ler sobre algumas palestras e comparecer aos últimos encontros em Ojai. Não queria fazer concessões à guerra e suas causas.

"Meus problemas são os pequenos conflitos cotidianos. Deveria eu, sendo professora, estimular a competição em minha classe? Se o fizer, isso levará a todo o tipo de conflitos psicológicos, ambição, fama e crueldade. Tento evitar, mas estando em um sistema competitivo, é difícil evitar isso por completo. Com habilidade posso prevenir isso em minha classe, mas os outros professores fomentam a competição, o que produz resultados. Os pais gostam de resultados, assim como as crianças; e a escola tem orgulho deles."

O pensamento competitivo conduz ao antagonismo, e, como a estrutura da sociedade se baseia nisso, apoiada pela religião, na qual também existe o espírito comparativo e competitivo, é preciso abandonar os métodos da sociedade ou seguir com eles buscando acordos, reformando, modificando. Depende de você qual caminho seguir, e sua seriedade e compreensão lhe abrirão o caminho para a ação. A forma mais elevada de pensar é a não comparativa, não competitiva, e, cultivando isso, você descobrirá que ela produz seus próprios efeitos, sem que você se preocupe com os resultados. O correto pensar gera sua ação, e não é mais importante se preocupar com o correto pensar que com a mudança dos efeitos?

Quando o sistema educacional de uma sociedade se baseia no que pensar, não em como pensar, o correto pensar não tem lugar, e aquele que se preocupa com o correto pensar encontrará os meios apropriados de sobrevivência e expressão. Talvez não queiramos apoiar a guerra, mas indiretamente a apoiamos com egoísmo, agressividade e insensatez. Ser é estar em relação, e como é impossível se isolar, a existência se torna dolorosa. A menos que encontremos o real por meio da autocompreensão e o correto pensar, não haverá saída da dor da existência. A mera razão e as conclusões lógicas se tornam barreiras para a descoberta da verdade; mesmo assim, a razão deve ser elevada para transcender a si mesma, pois o caminho da razão comum conduz à decepção.

"Há também outra dificuldade. Até onde devemos nos preocupar com os detalhes da vida? Eu me vejo me preocupando com a perfeição dos detalhes. Sou meticulosa por natureza e isso parece ocupar grande parte de minha mente."

Quando a mente está ocupada com o detalhe, com o pequeno, pode tender a perder a percepção do todo. Não é uma das características da mente perder-se no pequeno, no trivial, dar importância ao secundário? Uma mente que está constantemente criando valores nunca é livre para experimentar o real. Sem dúvida, é difícil encontrar o caminho intermediário entre a confusão dos detalhes e a indefinição da visão. Na percepção da verdade, isso ocasionará simplicidade. Nessa simplicidade há realidade. Sem ter a percepção da verdade, ocupar-se com os detalhes é uma indicação da trivialidade da mente. Para uma mente fútil é difícil ter a percepção de sua própria futilidade; ela está sempre buscando desculpas para ocupações triviais. Quando a mente para de racionalizar e se torna puramente atenta, sem comparar, então a vulgaridade cai como uma folha morta de uma árvore viva.

"Há outro ponto sobre o qual gostaria falar: devemos evitar as atividades sociais? Refiro-me às festas e todo o resto."

Distrações de qualquer tipo, política e festas, são um desperdício da inteligência. As fofocas sociais e políticas, embora deem foco à atenção, são um desperdício de pensamento; são um foco na direção errada. Se o indivíduo dá importância aos eventos sociais e assim por diante, é uma indicação do desejo de fugir de si mesmo, da pobreza de seu ser. Como se pode estar alerta, meditativamente perceptivo, ficando acordado até tarde da noite? Tais desperdícios provocam letargia, embotamento da mente e irritabilidade. Energia concentrada é necessária para descobrir e experienciar o real. Distrações de qualquer espécie tornam-se um obstáculo.

Capítulo 84

Posso encontrar Deus em uma trincheira?

G. era um soldado muito jovem. Havia sido condicionado religiosamente e estava muito entusiasmado, ansioso para descobrir. Não estava muito entusiasmado por estar no exército, mas havia sido convocado. Disse que andava lendo extensamente e estava confuso. Havia conversado com vários "líderes de pensamento" proeminentes em sua cidade, que lhe disseram que a guerra era uma desafortunada necessidade, que ele devia lutar pela democracia etc. Mas ele não tinha certeza disso.

Qual era sua dúvida? Era a questão de matar ou não matar?

"Sim", respondeu ele.

A religião lhe ensinou a amar o próximo, a não matar, mas o Estado exige que você mate por seu país, por sua ideologia etc. Você está preso nessa contradição. É uma contradição perturbadora essa?

"Sim, muito, e esse é um dos problemas."

Vamos começar por isso. Se for muito perturbador, você terá que dedicar seriamente seu pensamento nisso. Ninguém pode ou deve resolver essa contradição por você, exceto você mesmo. Você não terá paz enquanto não a esclarecer. Circunstâncias, amigos e opiniões podem impedi-lo de entender o problema. Mas, se você o encobrir, – agora que está cônscio dele –, por meio de circunstâncias, da racionalização, do medo da opinião dos outros, então criará mais confusão, mais dor. Pense sobre isso de modo bem simples e direto: por um meio errado é possível se atingir um fim correto? Não se deve empregar meios corretos para fins corretos? Matar é um meio para a paz?

"Mas, mesmo se nos atacarem?"

Pense sobre isso de forma bem simples, embora possa parecer que esse – matar ou não matar, o agressor e o agredido, o amigo e o inimigo – é um problema muito complexo. Se pudermos pensar muito direta e simplesmente, originaremos paz em nós mesmos e, assim, ao mundo. A compreensão direta é a mais elevada forma de inteligência. Se quiser que o suposto agressor seja um amigo, você terá que empregar os meios corretos. Se está preocupado com os meios corretos, então não existirá amigo nem inimigo. Para você e eu termos paz entre nós, devemos utilizar os meios corretos para erradicar as causas: inimizade, violência, irreflexão. Reflita sobre tudo isso desinteressadamente, de modo a descobrir a verdade. Não dependa dos outros nem se deixe dominar pelos fatos e o mero conhecimento. Além e acima dos fatos e do conhecimento está a compreensão, que vem do correto pensar; e o correto pensar vem com a autocompreensão. Comece com muita simplicidade; comece a perceber seus pensamentos-sentimentos, então tente compreendê-los, experimente ir atrás deles cada vez mais profundamente e com amplitude. Comparar ou julgar, se aceitar ou negar, isso impedirá a compreensão, e, uma vez que a mente está sempre fazendo isso, tente descobrir por que ela está tão condicionada. Rompa este condicionamento. Não existe lugar para descanso enquanto o real não surgir.

"Você acha que posso encontrar Deus em uma trincheira?", ele perguntou.

Se O estiver buscando, você não estará em uma trincheira.

Capítulo 85

A resposta não está no imediato

H. explicou que era um revolucionário, que queria produzir resultados imediatos, porque as demandas eram urgentes e imediatas. Havia sofrido por suas ideias, que não eram meramente teóricas – livrar o país do estrangeiro, não porque tivesse preconceitos contra ele, mas porque o estrangeiro oprimia e explorava o povo e impedia seu bem-estar econômico. Como tantas outras pessoas, disse ele, havia sido religioso, mas agora descartara tudo isso, e a política se tornara sua religião.

Eu lhe perguntei por que a política havia tomado o lugar da religião.

"Eu não a abandonei totalmente; a religião tem seu lugar, mas não produz resultados imediatos. Para um homem faminto, Deus não é sua preocupação imediata. A compaixão, a fraternidade, são muito boas, mas o capitalista, o latifundiário, continua sendo o dono, explorando e escravizando as pessoas. Esse sistema deve ser arrancado pela raiz, e a ação política e a organização, com seus recursos, são o caminho para sair do caos atual."

É evidente que a opressão e a exploração devem chegar ao fim, mas simplesmente trocar um explorador e opressor por outro, de qualquer cor e nacionalidade, é um desperdício absoluto de pensamento e energia.

"Sim, mas usamos todos para nosso propósito. Usamos veneno para nos livrarmos do veneno. O fim justifica os meios."

E os meios não transformarão o fim?

"Provavelmente, mas não podemos ter um mundo perfeito. Nosso resultado será melhor que este desastre atual."

Para uma suposta melhoria você está disposto a sacrificar milhares, liquidá-los, e seus fins são incertos e pouco criativos. Verbalmente você pode dar garantias, mas no emprego de meios errados os fins corretos esperados serão distorcidos; portanto, haverá mais sofrimento, mais decepção para o homem.

"Pode ser, mas você não é a favor das coisas como são, não é?"

Só os mais ignorantes seriam, não acha? Deve haver uma mudança fundamental e radical no modo de pensar e agir, porque o homem nunca estará satisfeito apenas com a ação política; o imediato logo passará. Sem entender o imediato em relação a algo que é atemporal, o imediato perde o sentido. O homem não vive apenas no imediato; não vive no infinito presente, e é porque espera, planeja, articula para ser alguém, para ser bem-sucedido, que provoca tragédias. Você está planejando para o imediato uma estrutura que é temporária, mesmo que satisfatória; mas isso é suficiente? Não deveria usar a mais alta inteligência para ir além do imediato? Isso não significa negar o imediato. Pelo contrário, só tem sentido em relação a algo maior que ele. Em si mesmo, o imediato tem pouco significado.

"O pão tem muito significado para um homem faminto, e sem ele não se pode existir."

Então, é isso: o pão é a primeira exigência, e todo o resto se seguirá depois. A dificuldade é que você não é um revolucionário; a rebelião não está em você. Se fosse, você compreenderia.

"Queremos uma ação imediata, e, atualmente, ação política e econômica são urgentes e imperativas. Precisamos pôr toda a energia e pensamento nessa ação."

Você não está fazendo da política uma nova religião? E como ela não é um fim em si você está chamando à maiores desastres. Os mecanismos políticos e econômicos certamente dão foco à atenção, mas na direção errada.

"O que quer que façamos? Que deixemos que a exploração e a opressão continuem e nos retiremos às grutas escuras de nossa mente? Que nos tornemos iogues? Não está sugerindo a inatividade, está? Quer dizer que as ações políticas e econômicas não são suficientes?"

Sim, parcialmente; e mais que isso. Quando todo pensamento e ação são subjugados pelo imediato, quando o poder por meios políticos e econômicos tornam-se num fim, quando o pão e as coisas recebem uma importância primordial, quando a felicidade é buscada nos valores sensoriais, qual é o resultado? Maior insegurança, maior sofrimento, maiores catástrofes como guerras, revoluções, depressões etc. Você quer evitar isso, porém, considerando o imediato, está pavimentando o caminho para futuros desastres. Ao confinar seu pensamento aos mecanismos sociais e políticos, por melhores que sejam, não está afastando de si uma coisa muito maior, pelo qual os homens vivem? Pela descoberta e efetivação disso, nosso relacionamento humano, político e social não será conflituoso e antagônico.

"Estamos em uma era política e industrial; o político, o engenheiro social e o economista estão com as rédeas na mão, e o povo está com eles. É o mundo deles, e ideias como as suas não têm lugar agora."

Uma vez que os políticos e os economistas estão no poder, e como se tornaram os líderes do povo, isso é uma garantia de futuras guerras e desastres. É isso que você está combatendo?

"Claro que não, mas o que se pode fazer? Como você disse, a industrialização pode trazer mais guerras, mas, sem ela, seremos pobres."

Morte através da máquina ou da pobreza; mas não existe uma abordagem diferente? Viver neste mundo sem ser mundano? Dar à indústria seu lugar certo e não deixar que ela assuma uma importância suprema? Isso só pode ser feito quando se busca a realidade nas coisas que são feitas pela mão ou pela mente. Enquanto os políticos e os industriais econômicos forem líderes e professores do povo, por meio das igrejas, da publicidade, dos diversos tipos de propaganda, haverá uma sucessão de catástrofes e sofrimentos. A resposta não reside no imediato, e sim no eterno presente.

"Estamos preocupados com a sobrevivência, e só poderemos sobreviver se o opressor e o explorador forem eliminados, e a revolução planejada é uma forma definitiva de nos livrarmos deles."

Não é a revolução que se preocupa com o imediato. Tal consideração apenas origina diferentes grupos de exploradores e opressores, e iniciamos novamente sem a compreensão. Se puder abandonar a religião do poder e do sangue, com seus dogmas e credos, você encontrará uma solução definitiva para o sofrimento humano; mas, do contrário, estará operando no mundo do conflito e do sofrimento.

"Quer dizer que devemos amar, e todo esse tipo de coisa? Receio que tudo isso não seja prático. Isso nunca teve sucesso e nunca terá em um mundo duro e brutal. A paz é possível somente pela força, porque somos animais selvagens."

É justamente isso. Você quer trazer paz por meio da violência. Isso é impossível! Amor e bondade não são meros sentimentos; seus caminhos são simples e extraordinariamente vastos, e o intelecto astucioso não os pode compreender. O intelecto exige um preço – sangue, poder e retribuição –, e o amor não.

Capítulo 86

A carapaça educada de nosso condicionamento

J. disse que gostaria de falar sobre seus sonhos. Sonhava muito; alguns sonhos eram bem tolos; outros interessantes e significativos; outros muito perturbadores, outros um alívio, e claros. Ele era jovem, imaginativo e sensível. Fazia faculdade mas estava insatisfeito, disse, porque não estava contente com a rotina da vida universitária. Tinha empregos variados e pensava em escrever, mas isso ainda não era um desejo pungente. As atividades externas, prosseguiu, não diminuíam seus sonhos, embora embaçassem sua clareza. Poderíamos conversar sobre isso?

Viver é uma investigação com percepção. Viver sem autocompreensão é dor. A maioria de nós está confusamente habituada com a camada externa da consciência; também somos ignorantes em relação às camadas mais profundas, deliberadamente nos fazemos de surdos às suas insinuações, ou interpretamos mal seus sinais. Dentro dessa carapaça de consciência vivemos e funcionamos, sonhando, formulando, desfrutando, sofrendo. Essa consciência, com suas várias camadas, imediatas e profundas, é o resultado da educação, do condicionamento, o desdobramento do passado. Dentro desse condicionamento ensinado, alguns têm percepção de suas camadas superficiais e outros das profundas; em alguns se mantém um fluxo constante de relação entre as múltiplas camadas por meio da plena atenção.

"Está querendo dizer que há algo, outro estado, além dessa capa de educação de nossa consciência, como você diz?"

Isso deve ser experienciado, não verbalizado. Dentro dessa casca formatada está a oscilação do tempo, o passado, o presente e o futuro, o sonhador e seus sonhos, o processo dualista com seus conflitos de aceitação e negação. Dentro da casca o sonhador está sempre condicionando, porque o sonhador é a casca. Ele está sempre se adaptando, manipulando dentro desse envoltório criado e treinado. Seus sonhos significativos são sinais da necessidade de ajuste no relacionamento, no aclaramento de um problema ou no aprofundamento de uma ideação.

"Posso entender isso", disse ele, "mas como se pode quebrar essa casca treinada?"

Vamos descobrir por que você está fazendo essa pergunta. Não está ansioso e se, me permite dizer, ansioso por experienciar o que está além da casca? Você está aceitando, pelo que disse, um estado do qual não tem consciência, e a própria aceitação é sua negação. Mas se houver uma percepção da casca de condicionamento e seu processo, existirá uma possibilidade de quebrá-la.

"Quer dizer que a pessoa deve analisar seu condicionamento e, assim, rompê-lo?"

Por meio da análise você não a quebrará, só por meio da percepção, porque na análise há sempre o observador e o observado, o sonhador e os sonhos. De modo que o fenômeno dualista continua, o que impede que a casca condicionada se rache.

"Então, o que quer dizer com percepção?", perguntou ele.

Percepção é a compreensão sem identificação. Quando o pensamento aceita ou rejeita, compara ou julga, começa o processo analítico: o pensador observa seu pensamento. Na análise, o pensador e seu pensamento estão separados. A percepção é silenciosa e sem escolhas; nela a comparação e o julgamento deixaram de existir. Mesmo que separemos o pensamento do pensador, nesse estado de atenção constante o pensador e seu pensamento estão integrados, experienciados como um só. Assim como não se pode separar o calor do fogo, o pensador e seu pensamento são inseparáveis. Percepção é a compreensão de causa e efeito e do processo dualístico. Quando há atenção sem escolhas desses dois processos, o pensador e seu pensamento são experienciados como um só. Nessa experiência a casca formatada do condicionamento é quebrada. Assim, na atenção constante de cada pensamento-sentimento-ação se dá a integração de todas as camadas de consciência; esta compreensão integrada quebra a casca. Nesse processo de integração, ou atenção meditativa, os sonhos têm um significado completamente diferente. Essa atenção durante as horas de vigília torna os sonhos desnecessários, e, à medida que essa percepção se torna clara e pura, chega um estado de ser que é o estado de bem-aventurança e sabedoria suprema. Está além de qualquer significado verbal.

"Em tudo isso", perguntou ele, "qual é a importância da memória?"

Na maioria de nós a memória é um organismo vivo; nós a alimentamos e a nutrimos. Através do pensamento, do sentimento e da ação tecemos na memória o fio da identificação. E esta memória é a casca formatada do condicionamento.

"Mas certamente você não está dizendo que devemos nos livrar da memória!"

A memória deve ser como uma casca sem um organismo vivo dentro, o identificador.

"Mas isso é impossível", exclamou ele.

Você está afirmando sem experimentar e experienciar. Estamos pensando dentro da casca ensinada, dentro do criado. Quando essa casca de condicionamento se quebrar, ali estará o incriado.

"O que você está dizendo parece abrir grandes possibilidades, e preciso pensar muito mais sobre isso."

Capítulo 87

Ser bem-sucedido é infortúnio para os outros e para si mesmo

J. explicou que queria ser mais integrado; não conseguia se concentrar com facilidade, nem sequer nas coisas que lhe interessavam. Estava divagando, e era-lhe extremamente difícil se concentrar. Trabalhara em várias coisas, disse, mas as deixara escapar. Podia trabalhar com gente simples e direta, mas achava difícil lidar com os ditos intelectuais, pessoas eruditas. E como essas pessoas, com suas intrigas e arrogância, eram cada vez mais numerosas, descobriu que tinha que estar concentrado e integrado. Haviam dito a ele que fosse a um grupo onde se discutisse e praticasse meditação. Ele foi, e disseram que meditasse no amor; tudo lhe pareceu tão tolo que não voltou mais. Era imperativo que ele se integrasse. Havia passado, explicou, horas sem fim discutindo essas coisas com alguns psicólogos. Não conseguia trabalhar de modo eficiente; queria fazer algo muito diferente do que estava fazendo, que era só um meio de subsistência.

Eu me pergunto se você realmente quer se integrar. Quer?

"É claro que sim", respondeu ele.

Você disse que em certas atividades, com certas pessoas, e concentrando-se em alguns pensamentos, descobriu que a integração era possível; mas, por que não é possível em todo lugar? Portanto, deve haver uma resistência à integração. O que você acha que é?

"Acho que há algum tipo de resistência, mas não pude localizá-la."

É o medo, com sua relutância, que impede a integração? É porque com a plena integração você se veria forçado a mudar seu modo de vida atual, o que provoca medo, relutância ou resistência a estar profundamente focado?

"Acho que há algo aí, mas sempre fui bastante inseguro, incapaz e, por isso, vaguei de um tipo de trabalho a outro, e meus amigos perderam a esperança em mim. Agora estou fazendo algo que me leva ao topo, mas quero fazer algo muito mais criativo."

Por que você quer se integrar? Para se encaixar melhor nesta sociedade monstruosa? Para ser um sucesso com garra e dinheiro?

"Não quero ser um sucesso nesse sentido, isso me deixa horrorizado, mas, se não estiver integrado, tenho medo de me refugiar numa terrível ilusão. Como não quero fugir, preciso estar integrado."

Por que não deveria fugir?

"Não quero construir uma torre de marfim ao meu redor. Isso seria uma destruição total!"

Como quer realizar algo, você não quer fugir. Deseja se integrar para obter um resultado determinado?

"Sim, acho que é isso."

Você quer ser um sucesso, só que em um nível diferente, mais refinado, mais sutil. Sucesso em qualquer nível implica garra e dinheiro, ou sangue e poder, o que realmente significa aumento da futilidade do ego.

"Ah, céus, entendo isso; mas quero estar focado e ser verdadeiro, não distraído, desperdiçador."

De novo, por que anseia se integrar? Sem dúvida, a integração é algo muito maior e muito mais profundo do que nós superficialmente consideramos. Pensamos nisso em termos de simples relação social, de sucesso – que é sangue e poder –, ou de preenchimento. Integrar-se para poder se adaptar rapidamente ao relacionamento é pouco significativo. Ser bem-sucedido é um sofrimento para os outros e para si mesmo, embora momentaneamente possa ser muito gratificante. Para se realizar, a pessoa pode precisar estar completamente sozinha, sem nenhum reconhecimento, sem nenhum apoio, em algum local não frequentado. Como a integração é algo de imensa importância e realidade, você quer se integrar; e até onde está disposto a ceder às exigências para isso? É possível que tenha que abandonar completamente seu atual modo de existência, com suas presunções, prazeres, superficialidades. Como as implicações da integração são amplas, depende de você como abordá-las. O enfoque da integração é muito mais importante que a integração em si. Se a abordar superficialmente, na esperança de um relacionamento confortável ou de fazer sucesso e assim por diante, sua integração será conforme sua demanda e percepção. No próprio desejo está a resposta ao desejo. Trata-se, pois, de quão superficial ou profundamente você aborde a integração, e, de acordo com a verdade com que a aborde, você terá sua resposta. A abordagem é muito mais importante que o fim em si. Nos meios está o fim. Deve-se ser completamente vulnerável e aberto para ser íntegro.

Capítulo 88

Compreendendo o conflito

K. disse que queria falar sobre certos aspectos da dualidade. "Sem dualidade não há existência. Nela está a vida; a luta constante dos opostos é a natureza da vida – política, social e de relacionamento pessoal. Nessa luta está a criatividade, não fora dela. A tese e a antítese sempre existirão, e de seu conflito se dará um resultado que terá sua própria antítese. Assim, há um progresso constante; o feudalismo produziu o capitalismo, e o capitalismo produziu o comunismo. Não há retrocesso, pois no conflito da dualidade há sempre um movimento revolucionário para a frente."

Há atrito, luta, nos opostos; mas há criatividade nesse conflito? Acaso a criação é o resultado da dualidade ou algo que está além de todo conflito? O conflito existe em todo relacionamento, e o final do conflito é a morte ou o princípio de outra existência, de outro estado do ser? Na compreensão do conflito compreenderemos o significado da dualidade; em relação ao conflito a dualidade tem um sentido. Seria a vida para ser vivida no interminável corredor da dualidade? Existe um movimento para a frente dentro da dualidade? Dentro dos limites da dualidade pode haver uma profunda revolução? Deixando a teoria, falemos mais diretamente. No momento atual de conflito, temos percepção da criação? Quando o ruído da batalha termina, quando não mais estamos divididos entre os opostos, quando se está em paz consigo mesmo, quando o ser está em suspensão, é quando há criação. Com a maioria de nós, o conflito toma o lugar da criação e, assim, torna-se a expressão principal da vida.

"Existência é conflito", afirmou ele.

Existência é dor, e não deveríamos ir além? Se a vida é um conflito interminável de dualidade, então não há fim para a dor; então, não existe movimento revolucionário para a frente, mas só diferentes formas de dor. Portanto a mudança dentro da dualidade se torna um retrocesso, e só há revolução criadora fora da dualidade. A sociedade é a expressão de nós mesmos, e se nosso pensamento se limita a tese e antítese, há divisão e confusão em todo relacionamento.

"É possível para o pensamento ir além do pensamento?", perguntou ele. "Se isso não puder ser experienciado, então não é real; então se torna o incognoscível, o que é mera superstição."

Se não houver o experienciar, sem ilusão, a existência não faz sentido. É possível o pensamento se libertar da dualidade somente por meio da compreensão do criador da divisão – aquele que gera e aquilo que é gerado. Isso é possível quando o pensador e seus pensamentos são experienciados como um só. Assim como não se pode separar o calor do fogo, o pensador também é inseparável de seus pensamentos. Nós criamos essa separação, e só na atenção meditativa pode haver uma experiência integradora – estar plenamente atento a cada pensamento-sentimento, de sua causa e efeito e seu processo dual, e então, experienciar o pensador e seu pensamento como um só. Isso ocasiona uma verdadeira revolução criadora interna. Uma vez que não existe apego, a plasticidade infinita é possível.

Capítulo 89

No embotamento os padrões nos confortam

L. explicou que vinha seguindo certo modo de pensamento religioso havia algum tempo. Não tinha intenção de seguir nenhum padrão, mas havia desviado a isso sem perceber. Disse que não devia seguir ninguém além de si mesma, e que talvez sua confusão diminuísse se pudéssemos conversar sobre isso.

Por que precisamos de padrões, impostos ou criados por nós mesmos? Não é por medo? Temos medo de não realizar, não ganhar, não ser alguém. Seguindo um padrão, não precisamos pensar, sentir profundamente; outros já pensaram um caminho, e nós só temos que seguir. Pensamos que os padrões servem como garantia contra o fracasso, a dor e a confusão; mas só nos tornam irreflexivos, consolando-nos no embotamento. Seguir padrões mantém a divisão entre pensador e pensamento, entre observador e objeto observado; portanto, não há possibilidade de transcender o pensador e seu pensamento. Quando seguimos padrões, o pensamento-sentimento se move dentro da esfera do conhecido, do criado, e, assim, está sempre se condicionando. O pensamento nunca é livre para experienciar, descobrir o real. Além do mais, na perseguição de um padrão sempre existe a luta constante do vir a ser e nunca compreender e o ser.

Na liberdade dos padrões há criação. Portanto, se pudermos compreender o profundo significado dos padrões, não rejeitaremos um e aceitaremos outro, seja criado por outra pessoa ou por nós mesmos. Uma vez que se capta a natureza fundamental dos padrões, por meio da plena atenção constante, eles se rompem dentro de nós. Talvez não seja possível canalizar o fluxo incomensurável da vida por um padrão limitado, e, como estamos constantemente tentando fazer isso, ficamos acorrentados ao conflito e à dor, nunca livres, nunca abertos, nunca vulneráveis à realidade.

"Se a pessoa pensa dessa maneira", acrescentou ela, "não é algo tão solitário. Eu estava confusa, de modo que fui a um psicólogo para falar dessas coisas. Acha que foi sábio?"

Em vez de permitir que todo relacionamento atue como um espelho para um processo de autorrevelação, o que pode clarear a confusão, escolhemos um espelho particular e esperamos que ele dissolva nossa confusão. Pois bem, pode alguma autoridade em particular trazer claridade, ou devemos buscá-la por nós mesmos? O especialista ou uma fórmula pode gerar um resultado, mas não será a autocompreensão. Só ela traz clareza, dissipando a confusão. A autocompreensão é obtida por meio de cada relacionamento, com os mais humildes ou com os mais eruditos, mas, quando buscamos a autoridade para aprender, fechamos as portas para as infinitas riquezas da vida. Então não aprendemos, não somos abertos, vulneráveis às riquezas da realidade.

"Sim", respondeu ela, "entendo o que quer dizer. Somos todos propensos a dar importância à autoridade, e por isso nos fechamos para a experiência. Deveríamos dar as boas-vindas à experiência e tentar compreendê-la".

Você não será capaz de compreender a experiência sem entender o experienciador. O experienciador não deve ser separado da experiência: eles formam um fenômeno conjunto. Ao compreender o experimentador, capta-se todo o fenômeno.

"Há outra dificuldade que parece surgir: a de objetivação. Será que existe o perigo de nos objetivarmos, de nos externalizarmos a ponto de perdermos toda a sensibilidade, de nos tornarmos internamente mortos?"

Se ao nos objetivarmos examinarmos as reações internas para compreendê-las, não nos tornaremos insensíveis; pelo contrário, haverá maior integração, portanto, simplicidade e disponibilidade à realidade. Mas se nos objetivarmos para fugir da dor, da compreensão, então a insensibilidade se arrastará sobre nós; nós nos autoisolaremos, e a morte nos seguirá. Objetivar e ainda estar subjetivamente, interiormente, perceptivo é difícil. Esse processo é também uma espécie de meditação.

"Andei experimentando", explicou ela, "o tipo de meditação que você defende, pensando, sentindo cada pensamento-sentimento, e parece que me trouxe mais liberdade e compreensão. Tentei durante muitos anos vários tipos de meditação, oração etc., mas essa foi muito reveladora e esclarecedora. Com ela se toca em profundezas maiores do pensamento e do afeto"

Conhecemos o amor por ou como um objeto, no qual existe dependência, possessividade, medo e assim por diante. Não há amor que seja completo em si mesmo? Ele tem seu ser em si mesmo. Nele não há esforço.

Capítulo 90

A correta meditação

M. veio de certa distância para explicar e perguntar sobre sonhos e meditação. Disse que havia assistido a algumas palestras e que ouvira atentamente o que se dizia sobre meditação. Praticara um ou dois sistemas, fixando a mente em um objeto, desenvolvendo certas qualidades, orando, forçando a mente a permanecer imóvel etc. Tudo isso havia implicado imensa luta e tensão; ocasionalmente havia lhe propiciado paz, mas até isso fora prejudicial. Enquanto praticava os diferentes sistemas de meditação, descobriu que tinha sonhos violentos e perturbadores. Por quê? Ultimamente tentara, conforme sugerido, segui-los, sentir cada pensamento e sentimento. Seus sonhos haviam mudado. Poderíamos conversar sobre isso?

Ele era professor e gostava bastante de seu trabalho. Abstinha-se deliberadamente de excesso de atividades e dedicava muito tempo ao pensamento religioso.

O tipo correto de meditação resolverá muitas das nossas dificuldades; nele está a chave para a maioria dos nossos problemas. A correta meditação é para que o pensamento se liberte de toda compulsão, de toda coerção, de todo esforço equivocado. Devemos compreender o motivo, a compulsão que há por trás do desejo de ser alguém, de alcançar, de conquistar. Sem a compreensão fundamental desse impulso a correta meditação não é possível. O desejo de se encaixar em um padrão, por mais nobre e idealista que seja, não é uma correta meditação.

"Acho que estou começando a entender", respondeu ele, "por que você insiste nesse ponto. É difícil, mas não é melhor um processo com um fim, o qual se deveria começar?"

Por que se deixar levar pela bebedeira para descobrir a sobriedade? Por que ir para o sul quando se tem que ir ao norte? É difícil, mas não é mais complexo e difícil cultivar pontos de vista e práticas equivocadas e depois romper com eles? Não é um desperdício de esforço? Portanto, a correta meditação deve ser descoberta desde o início. O criador do esforço deve compreen der a si mesmo. Primeiro deve estar no estado de atenção pleno. Então, deve ter percepção da causa e efeito e do processo dual do pensamento-sentimento; então, o pensador e seu pensamento devem ser experienciados como apenas um. Em tudo isso não pode haver nenhuma compulsão. A compulsão, o esforço errado, não traz compreensão. E, se me permite apontar, como você esteve forçando seu pensamento-sentimento a se encaixar em um padrão, em uma fórmula preconcebida, tem sonhos violentos e perturbadores. Um esforço equivocado gera resultados incorretos. Para compreender profunda e amplamente, todo esforço deve cessar, o que é uma arte difícil. Seus sonhos são a continuação de sua determinação consciente de conquistar um fim, de realizar. Tais resoluções não são a meditação correta. Os sonhos são indicações cujas interpretações dependem do sonhador, e, se o sonhador estiver preocupado com padrões, fórmulas e compulsões e não compreender isso, seus sonhos serão perturbadores e confusos. Mas, se o sonhador, se o pensador, começar a ter plena atenção de seus pensamentos-sentimentos e então pensá-los e senti-los de maneira mais ampla e profunda possível – o que é o começo da correta meditação por meio da autocompreensão e do correto pensar –, então a libertação da realidade e a compreensão virão à existência.

Força ou compulsão de qualquer tipo impedem a vulnerabilidade receptiva à realidade. Quanto mais você estiver perceptivo de seus pensamentos-sentimentos, consciente das várias camadas de sua consciência condicionada, e quanto maior for a intensidade da percepção, menos sonhos terá. E o sono, como a meditação, traz a percepção daquilo que está além da consciência educada e condicionada. Isso também é extremamente árduo. O pensamento, como a memória, carrega de um dia para outro incidentes, experiências e intenções que dão continuidade à consciência treinada, fortalecendo-a ampla ou limitadamente. Se a cada dia conhecermos a morte, se a cada dia completarmos nossos pensamentos-sentimentos e não os levarmos para o dia seguinte, descarregando a mente e o coração a cada minuto do dia e não permitindo que se formem resíduos ou cicatrizes, então se dará o êxtase sem morte.

Este livro foi composto em Baskerville e impresso pela Intergraf
para a Editora Planeta do Brasil em janeiro de 2018.